新疆伊犁河谷

草原石刻

编著 | 南京大学古代石刻艺术研究中心
伊犁哈萨克自治州博物馆

主编 | 胡正宁

文物出版社

图书在版编目（CIP）数据

新疆伊犁河谷草原石刻 / 南京大学古代石刻艺术研究中心，伊犁哈萨克自治州博物馆编著；胡正宁主编.
北京：文物出版社，2025. 2. -- ISBN 978-7-5010-8595-8

Ⅰ. K877.404

中国国家版本馆CIP数据核字第2024R52F06号

新疆伊犁河谷草原石刻

编　　著	南京大学古代石刻艺术研究中心
	伊犁哈萨克自治州博物馆
主　　编	胡正宁
责任编辑	王　媛　崔　华
责任印制	张　丽
出版发行	文物出版社
社　　址	北京市东城区东直门内北小街2号楼
邮政编码	100007
网　　址	http://www.wenwu.com
邮　　箱	wenwu1957@126.com
经　　销	新华书店
制版印刷	天津裕同印刷有限公司
开　　本	889mm×1194mm　1/16
印　　张	12.25
版　　次	2025年2月第1版
印　　次	2025年2月第1次印刷
书　　号	ISBN 978-7-5010-8595-8
定　　价	288.00元

《新疆伊犁河谷草原石刻》编辑委员会

主任委员

谭 平

副主任委员

佟金玉 赵 岩 高志强 胡正宁

委 员

（以首字笔画为序）

水 涛 华 涛 张有为 吴桂兵 郎保利 贺云翔 夏维中 黄江勇

主 编

胡正宁

编 务

（以首字笔画为序）

马利红 马 涛 乌云其米格 王加亿 王新平 巴合白尔根·克孜尔汉 艾山吐尔·阿不都西克尔
华 雷 刘建军 刘雨婷 关 巴 沙伦花 何成蓉 张 钧 张 超 陆浩权 宋 磊 孟红梅
肯杰古丽·赛散别克 周根山 胡海江 夏永成 夏利哈儿 康 萍

封面摄影

陈新扜

编 著

南京大学古代石刻艺术研究中心
伊犁哈萨克自治州博物馆

协助单位

江苏省文化和旅游厅
南京大学历史学院
南京大学铸牢中华民族共同体意识研究基地
中国摄影家协会函授学院
江苏省文物保护学学会
伊犁哈萨克自治州特克斯县文博院
伊犁哈萨克自治州昭苏县文博院
伊犁哈萨克自治州昭苏县民俗馆
伊犁哈萨克自治州尼勒克县文博院
伊犁哈萨克自治州新源县文博院
伊犁哈萨克自治州察布查尔锡伯自治县文博院
伊犁哈萨克自治州巩留县文博院
伊犁哈萨克自治州霍城县文博院

序 言

新疆古称西域，其地处欧亚大陆腹地，拥有悠久的历史和文化。历史上，塞人、匈奴人、乌孙人、突厥人、回鹘人、蒙古人、汉人等在这片土地上繁衍生息，古丝绸之路在这里蜿蜒而过，古印度文化、波斯文化、古希腊文化、古罗马文化、阿拉伯文化、中国传统农耕文化等灿烂的东西方文化在这里碰撞、交流、激荡。以至于今天，上述东西方文化的遗迹、文物在新疆各地存留之丰富是我国其他省份所难以比拟的。这些遗存是研究新疆古代历史文化的珍贵资料，是延续新疆未来发展的文化宝库，更是坚定文化自信、铸牢中华民族共同体意识的历史源泉。伊犁草原上的古代石刻就是这些遗存中一颗璀璨的明珠。

伊犁位于新疆西北部，地域广阔，自然地貌特色明显。阿尔泰山、准格尔山及天山横亘于此，伊犁河谷西低东高的地形及喇叭形的西向开口聚集了充沛的大西洋水汽，致使伊犁河谷地区多雨湿润，年降水量据统计可达 900~1000 毫米，为新疆之最。有利的地形和气候条件使得伊犁河谷地区草深林密、牧场遍布，自古以来就是各游牧民族生存的宝地。时光流逝，刀光剑影、鼓角争鸣的历史身影已逐渐远去，只留下遍布草原各处的古城遗址、草原石刻及墓葬等历史遗迹，向人们无声诉说着这片土地昔日的辉煌。岩画、石人及鹿石就是其中的典型代表。

岁月无言，唯石能语。

岩画是岩穴、石崖壁面和独立岩石上彩画、线刻、浮雕的总称，中国岩画主要表现为线刻和彩画。中国是世界上最早记录岩画的国家，北魏郦道元《水经注》中就有几十处关于"画石山"的记载。古人在岩石上凿刻和涂画，描述当时人类的生产、生活情景以及对未知世界的想象和崇拜。岩画中的各种图像表现形式构成了文字发明以前的原始"文献"，内容涉及原始人类经济、社会、宗教等，形象地记录了早期人类的生存活动，对帮助我们深入了解古代社会，了解当时人们的生产、生活、信仰、心态、审美及原始思维和所处自然环境等均具有十分重要的意义。陈兆复先生甚至将岩画称为北方草原民族的"大百科全书"。

伊犁是新疆岩画资源较为丰富的地区，尤以阿勒泰和伊犁河谷地区为最。岩画内容多为游牧、狩猎及相关情景，生活气息浓厚，画面粗犷写实、贴近自然，具有较高的艺术和历史价值。

石人和鹿石是北方草原游牧先民留下的代表性草原石雕造型文物，用石块雕刻而成，一般立于墓葬前方。其中鹿石不同于石人的人物形象造型，是经过人工雕琢而成的一种石碑状石刻，因其上多雕刻有奔鹿的图形而得名。

据现有研究，石人和鹿石基本可认为是萨满教灵魂崇拜的产物。它们广泛存在于整个亚欧草原，尽管分布地点有差异，但都起源于青铜时代甚至史前时代，其中鹿石出现的时间更早，而石人延续的时间更长。

鹿石在伊犁河谷地区出现较少，石人则较多。尤其是位于天山腹地的特克斯县已发现90多尊石人，被誉为中国草原石人第一县。与该县毗邻的昭苏县养马场草原上保存有一尊著名的小洪纳海石人，通过对石人背部的铭文进行释读，研究人员确定其是西突厥泥利可汗的塑像，而石人所立之处应如阙特勤和毗伽可汗陵一样，是泥利可汗的陵园。再结合这一区域突厥系石人分布较为集中，往东的新源、和静诸县方向则渐次稀少这一特征，使我们确定了沙畹和林梅村二位先生主张的"特克斯河流经昭苏县、特克斯县这段河谷地域就是西突厥汗国王庭所在"的说法。2013年，小洪纳海石人墓被公布为第七批全国重点文物保护单位。

由此可见，对岩画、石人和鹿石的科学研究，有助于我们厘清一些历史问题，重现历史的真实。这些草原石刻蕴含着丰富的历史文化信息和民族文化内核，对研究中国北方草原文化、亚欧草原文化乃至推动构建人类命运共同体具有举足轻重的意义。

正如陈兆复先生所说，在"图像学"已衍生为一种全新文化史研究方法的当下，随着数码图像技术高速发展，传媒系统正在发生一场巨大而广泛的变革，图像反映现实与迅速传播的能力令图像艺术与现代图像学在当代异常勃兴。这为我们利用高清数字图像技术对草原石刻进行留档、判读甚至数字化提供了更多现实的可能，可以说是时代助力。

黄庭坚《幽兰赋》云："吐秀乔林之下，盘根众草之旁。虽无人而见赏，且得地而含芳。"

无论是岩画还是石人或鹿石，它们身负历史风云，如繁星般散落在伊犁草原深处，虽经千年风雨，却一直静候着研究者们去探寻、发现。今南京大学古代石刻艺术研究中心联合伊犁哈萨克自治州博物馆组成精干专家团队，在江苏省文化和旅游厅、伊犁哈萨克自治州文化和旅游局、南京大学历史学院以及伊犁州直属各县市博物馆领导和同仁的支持、帮助下，将这些草原历史的见证者从幽谷、草丛中找寻出来，以图片和文字形式一一展现在我们眼前，为学界提供一手研究资料的同时，也向世界展示了伊犁河谷草原石刻的绚丽风采。

是为序。

故宫博物院学术委员会主任，中国文物学会专家委员会主任

2024 年 5 月

前言

新疆维吾尔自治区是中国陆地面积最大的省级行政区，面积 160 多万平方公里，约占中国陆地总面积的六分之一。其地形特点是"三山夹两盆"，由北至南分别是阿尔泰山、准噶尔盆地、天山、塔里木盆地、昆仑山。新疆的水汽大都是由西面的大西洋和西北面的北冰洋输入，受地形影响，有相当多水汽聚在北疆西部、西北部和天山区域。苏北海先生引今人统计数据，显示新疆年降水量最多的地区是北疆的伊犁巩乃斯林场附近，可达 900~1000 毫米，且季节分布相对均匀。[1] 伊犁河谷及其以北地区自古草场资源丰富、畜牧业发达，是最适合游牧民族生活的欧亚草原带的一部分。也正因如此，在这片区域保存了大量草原先民生活的遗迹，岩画、石人及鹿石就是其中的典型代表。

一

岩画（Petrogram）是镌刻在岩石、石崖壁面或独立岩石上的线刻、浮雕、彩绘等图像的总称，是古人用精心挑选或者加工过的坚硬岩石、青铜及铁之类的金属工具和各种有机染料，通过凿刻、磨刻和涂画，描绘自己的生活以及对包括自然、生命在内的客观世界的各种想象和美好愿望。史前时期的岩画构成了文字发明以前原始人类的"文献"，不仅涉及原始人类经济、社会和生活的方方面面，同时还作为人类的精神产品，以其独特的艺术语言打动人心，向今人展现古人的内心世界。

岩画的起源可上溯至距今 4 万年前后，一直绵延至现代仍有制作。岩画分布地域广泛，遍及世界五大洲的 150 多个国家和地区，主要分布于欧洲、非洲以及亚洲的印度和中国。[2]

中国是世界上发现岩画最多的国家之一，也是世界上最早于文献中记载岩画的国家。[3] 由于种种原因，我国近代以来的岩画研究落后于西方国家，这一情况直到 20 世纪 80 年代以后才逐渐得以改变。

新疆地区的岩画首次发现于 20 世纪 20 年代，此后又有大量的发现，主要集中在阿尔泰山、天山、昆仑山等山脉和支脉中。[4] 北疆的岩画大致发现于同一时期，较早的为 1928 年瑞典人 F. Bergman 在伊犁地区开展岩画调查时的发现。这些岩画主要集中在阿勒泰山地区，很可能与阿勒泰地区的天然草场，尤其是高山草场面积居新疆第一有关。而由于河流切割等地貌原因，伊犁河谷的岩画散布在若干河谷草场，整体数量较少且分散在察布查尔、伊宁、昭苏、特克斯、巩留、尼勒克、新源、霍城等多个县，故长期没有引起重视。

表 1　伊犁河谷诸县岩画点汇总表

所属县	岩画点
察布查尔锡伯自治县	琼博拉
伊宁县	卡约鲁克沟、突尤可、托逊
巩留县	铁克阿拉克乡布角特、萨尔布津、库勒萨依、喀拉沟、布库尔萨依
昭苏县	科尔布特、阿克牙孜、科培雷特、夏塔乡马拉尔特沟、乔什喀萨依、格登沟
特克斯县	唐姆洛克塔什、库克苏河水电站、阿扎提萨依东、阿扎提萨依西、可可达萨依、铁热克提萨依、吾日克沟口、科克苏、阿克塔什、加汗萨依东、加汗萨依西、鄂勒格代萨依、塔勒拜、也什克勒克
尼勒克县	塔特郎、却米克拜、穷科克、沃巴勒克增、喀拉旱德沟、库尔于孜克、吉仁台峡谷谷口、巴勒根萨依、纳仁喀拉、纳仁喀拉西、塔尔克特、奴拉赛、阿合买提沟
新源县	喇叭村杜斯别尔沟、克孜勒塔斯沟、铁木尔勒克村洞买勒、铁木里克、铁木里克阿克塞、阿吾热勒山、洪沙尔沟、则克台镇、塔特然
霍城县	昆带山、小大东沟、格根沟、干沟、华土尔空拐沟、库鲁斯台、开勒木库尔沟

注：本表格资料来源为新疆第三次全国文物普查和伊犁哈萨克自治州博物馆最新调查成果。

此后的几十年中，虽然没有针对伊犁河谷地区岩画的专门性研究，但王子云《新疆的石刻艺术》[5]、黄文弼《新疆考古的发现——伊犁的调查》[6]、克由木《新疆北部的岩画》[7]等对尼勒克、干沟、卡拉伊米里等地的岩画进行了简略介绍，可以说是这一地区岩画研究的先声。

20 世纪 80 年代以来，户晓辉《岩画与生殖巫术》[8]、周菁葆《丝绸之路岩画艺术》[9]、苏北海《新疆岩画》[10]、陈兆复《中国岩画发现史》[11]、成振国、张玉忠《新疆天山以北岩画述略》[12]、刘青砚、刘宏《阿尔泰岩画艺术》[13]、王颉《新疆昭苏县境内的几处岩画与石人》[14]、何军锋《新疆尼勒克穷科克岩画研究》[15]、何军锋、王建新《新疆尼勒克穷科克岩画调查》[16]、王建新、何军锋《穷科克岩画的分类及分期研究》[17]、于建军《新疆岩画初步研究》[18]、任萌、马健、习通源、王建新《岩画的考古年代学研究——以新疆巴里坤八墙子岩画为例》[19]等论著对包括伊犁地区岩画在内的北疆岩画进行了可贵的探索和研究。但由于前述原因，除了王

颉、王建新、何军锋等，对伊犁河谷诸县岩画落笔的仍然较少。

随着学界对新疆岩画的关注度日益增加，伊犁河谷地区的岩画调查资料逐渐完善。根据新疆第三次全国文物普查资料和伊犁哈萨克自治州博物馆提供的调查资料，目前伊犁河谷地区有 8 个县发现了岩画遗存，岩画点共计 50 余处（表 1）。

根据调查资料，伊犁河谷诸县的岩画虽然在数量上不能跟阿勒泰地区相比，但其属于天山山系岩画，内容较丰富，涵盖了生殖崇拜、游牧、狩猎、群兽活动等几乎全部岩画题材，特别是生殖崇拜和狩猎结合的"裸猎"题材岩画在伊犁河谷以外地区较少发现，为进一步的深入研究提供了坚实基础。

二

相比岩画，伊犁河谷诸县的石人（Stone Man）则是另一番景象。对于新疆伊犁石人的科学调查始于 20 世纪 50 年代初。1953 年，西北行政委员会文

化局、新疆省人民政府文化事业管理处组成的新疆省文物调查工作组对伊犁地区文物进行调查，其中包括石人调查，这也是新疆最早开展的石人调查活动。[20] 石人在阿尔泰山地分布最多，其次是伊犁河谷和西天山一带。

新疆草原石人以石为材质，其上雕刻人物形象，一般立于墓葬地表建筑物的东面，面朝东方。其规制随着时代变迁而有所变化，有相对应年代的模式烙印。

对新疆草原石人的研究工作约始于20世纪60年代，李征《阿勒泰地区石人墓调查简报》[21]、李遇春《博尔塔拉自治州石人墓调查简记》[22]、王炳华《天山东部的石雕人像》[23]、陈良伟《试论西域石刻人像的起源及其相关问题》[24]、陈凌《突厥葬俗和祭祀有关的几个问题》[25]、魏坚《蒙古高原石雕人像源流初探——兼论羊群庙石雕人像的性质与归属》[26]、刘永连《突厥丧葬风俗研究》[27]等诸多论著从不同视角对草原石人进行了探讨。王博、祁小山是较早利用考古学方法对草原石人进行系统分类和分期研究的学者[28]，为草原石人的研究拓展了新的方向。

新疆草原石人在年代学研究基础上被初步分为四期：第一期为公元前1200年至公元前700年，是新疆草原的青铜时代；第二期为公元前700年至公元550年前后，包括早期铁器时代、两汉至魏晋南北朝时期；第三期为公元550年前后至公元800年，主要是隋唐时期，出现了突厥石人；第四期为公元800年至公元1300年，即五代宋辽元时期。关于石人的族属研究，涉及的历史族群有鬼国人、狄人、丁零人、斯基泰人、呼揭人、铁勒人、突厥人、回鹘人、克马克人等。隋唐时期的武士型石人，学界多认为是"突厥石人"或称"突厥时期的石人"，数量最多、分布最广。[29]

根据新疆第三次全国文物普查统计结果，全区共有石人282尊，其中伊犁河谷有60尊。这是以收集到照片或者线图资料为依据的统计，实际数字应该更多。[30]

近年来，包括特克斯河谷在内的伊犁河谷陆续有新的石人被发现，尤以特克斯河谷为最。根据特克斯县博物馆提供的信息，目前仅该县就发现石人85尊以上，因此被誉为新疆草原石人第一县。

尤其值得一提的是，特克斯河谷密集分布有数十尊突厥石人，是突厥石人在新疆分布最集中的区域。随着位于昭苏县种马场的小洪纳海突厥石人背后的铭文被释读，明确了该石人就是西突厥泥利可汗的塑像，石人所在之处就是泥利可汗的墓园，特克斯河谷就是当时西突厥汗国南庭所在的猜测获得了最有力的证据。[31]

可以说，伊犁河谷的突厥石人相较新疆其他地方的具有较为典型的时代和民族特征，可以为新疆石人的性质、类型、文化内涵及服饰器物特征等研究提供指向性参考。

三

鹿石（Olennye Kameni）一般指经过人工敲凿雕刻加工而成的一种碑状石刻，因其上常常雕刻有鹿的图案而得名。鹿石作为草原先民的一种文化现象遗存，大约在19世纪末20世纪初由俄国和北欧的旅行家们首先发现于蒙古国境内。[32] 新疆的鹿石发现于20世纪60年代[33]，发现鹿石最多的地方为阿尔泰山地的青河县，其次是富蕴县。到20世纪70年代末，伊犁河谷地区的昭苏县才发现鹿石。

随着新疆鹿石的陆续发现，王炳华《天山东部的石雕人像》[34]、赵养峰《中国阿尔泰山岩画》[35]、张志尧《新疆阿勒泰鹿石之管窥》[36] 等论著陆续介绍了吉木萨尔县新地沟 1 号和 2 号鹿石、富蕴县恰勒格尔鹿石、青河县 EQ2 鹿石、富蕴县吐尔洪 1 号和 2 号鹿石、青河县头海（贾巴尔库勒）鹿石、清河县三海子鹿石、富蕴县铁列克鹿石等。经过第二、第三两次全国文物普查，新疆各地又陆续发现了更多的鹿石。截至 2010 年，全疆共发现鹿石 97 通（有照片资料），其中伊犁河谷仅有 3 通，分别位于昭苏、巩留及新源三县。[37]

日本学者畠山祯总结众多学者研究成果，提出新疆的鹿石最早诞生于约公元前 13 世纪，消亡于公元前 7 世纪至公元前 6 世纪，属于最早消亡的一种古代草原石刻，因此保存数量也最少。[38] 值得一提的是，我们根据特克斯县博物馆近年来的野外调查资料，补充了 7 通在特克斯县新发现的鹿石，为伊犁河谷鹿石研究提供了坚实基础。

四

伊犁河谷地区地形、地貌起伏多变，对于古代草原石刻的分布和发展来说，其优势明显，比如石人；劣势也明显，比如岩画和鹿石。这是一个很有研究意义的现象。作为一个相对独立的地理单元，这里的古代草原石刻相较其他地方有自己的诸多特色，值得进一步深入研究。伊犁河谷无论作为乌孙故地，还是西突厥的南汗庭所在，长期与中原保持着密切往来。这些历史在草原石刻及其所附属的诸如墓葬之类文化遗存上都有相应的文化反映，对此进行针对性研究，不仅能拓展我们的研究领域，还能引领研究手段的进步，对于铸牢中华民族共同体意识更具有重要意义。这也是我们出版本图录的初衷。

2024 年 5 月

注 释

1　苏北海：《新疆岩画》，新疆美术摄影出版社，1994 年、第 42 页。

2　于建军：《新疆岩画初步研究》，见中国人民大学北方民族考古研究所、中国人民大学历史学院考古文博系编《北方民族考古（第 2 辑）》，科学出版社，2015 年，第 80 页。

3　苏北海：《新疆岩画》，新疆美术摄影出版社，1994 年，第 398 页。

4　陈兆复：《中国岩画发现史》，上海人民出版社，1991 年，第 133 页。

5　王子云：《新疆的石刻艺术》，《文物参考资料》1956 年第 8 期。

6　黄文弼：《新疆考古的发现——伊犁的调查》，《考古》1960 年第 2 期。

7　克由木：《新疆北部的岩画》，《文物》1962 年第 7、8 期。

8　户晓辉：《岩画与生殖巫术》，新疆美术摄影出版社，1993 年。

9　周菁葆：《丝绸之路岩画艺术》，新疆人民出版社，1993 年。

10　苏北海：《新疆岩画》，新疆美术摄影出版社，1994 年。

11　陈兆复：《中国岩画发现史》，上海人民出版社，1991 年。

12　成振国、张玉忠：《新疆天山以北岩画述略》，《文物》1984 年第 2 期。

13　刘青砚、刘宏：《阿尔泰岩画艺术》，山东美术出版社，1988 年。

14　王颉：《新疆昭苏县境内的几处岩画与石人》，《蒙古学信息》1992 年第 2 期。

15　何军锋：《新疆尼勒克穷科克岩画研究》，西北大学硕士学位论文，2005 年。

16　西北大学文化遗产与考古学研究中心、新疆维吾尔自治区文物考古研究所（何军锋、王建新执笔）：《新疆尼勒克穷科克岩画调查》，《考古与文物》2006 年第 5 期。

17　王建新、何军锋：《穷科克岩画的分类及分期研究》，《新疆文物》2006 年第 5 期。

18　于建军：《新疆岩画初步研究》，见中国人民大学北方民族考古研究所、中国人民大学历史学院考古文博系编《北方民族考古（第 2 辑）》，科学出版社，2015 年。

19　任萌、马健、习通源、王建新：《岩画的考古年代学研究——以新疆巴里坤八墙子岩画为例》，《文物》2022 年第 10 期。

20　西北文化局新疆省文物调查工作组：《新疆伊犁区的文物调查》，《文物参考资料》1953 年第 12 期。

21 李征：《阿勒泰地区石人墓调查简报》，《文物》1962 年第 7、8 期。

22 李遇春：《博尔塔拉自治州石人墓调查简记》，《文物》1962 年第 7、8 期。

23 王炳华：《天山东部的石雕人像》，《新疆文物》1985 年第 1 期。

24 陈良伟：《试论西域石刻人像的起源及其相关问题》，《新疆文物》1989 年第 4 期。

25 陈凌：《突厥葬俗和祭祀有关的几个问题》，见上海社会科学院《传统中国研究集刊》编辑委员会编《传统中国研究集刊（第四辑）》，上海人民出版社，2008 年。

26 魏坚：《蒙古高原石雕人像源流初探——兼论羊群庙石雕人像的性质与归属》，《文物》2011 年第 8 期。

27 刘永连：《突厥丧葬风俗研究》，广西师范大学出版社，2012 年。

28 王博、祁小山：《新疆石人的类型分析》，《西域研究》1995 年第 4 期。

29 新疆维吾尔自治区文物局：《新疆维吾尔自治区第三次全国文物普查成果集成·新疆草原石人与鹿石》，科学出版社，2011 年，第 3 ~ 4 页。

30 新疆维吾尔自治区文物局：《新疆维吾尔自治区第三次全国文物普查成果集成·新疆草原石人与鹿石》，科学出版社，2011 年，第 2 页。

31 任宝磊：《略论新疆地区突厥石人分布与特征》，《西域研究》2013 年第 3 期，第 92 页。

32 新疆维吾尔自治区文物局：《新疆维吾尔自治区第三次全国文物普查成果集成·新疆草原石人与鹿石》，科学出版社，2011 年，第 4 页。

33 新疆维吾尔自治区文物局：《新疆维吾尔自治区第三次全国文物普查成果集成·新疆草原石人与鹿石》，科学出版社，2011 年，第 4 页。

34 王炳华：《天山东部的石雕人像》，《新疆文物》1985 年第 1 期。

35 新疆维吾尔自治区阿勒泰地区文化处文管所编、赵养峰编著：《中国阿尔泰山岩画》，陕西人民美术出版社，1987 年。

36 张志尧：《新疆阿勒泰鹿石之管窥》，《新疆师范大学学报（哲学社会科学版）》1988 年第 1 期。

37 新疆维吾尔自治区文物局：《新疆维吾尔自治区第三次全国文物普查成果集成·新疆草原石人与鹿石》，科学出版社，2011 年，第 5 页。

38 畠山禎：《北アジアの鹿石》，《古文化談叢》第 27 集，1992 年 3 月。

目录

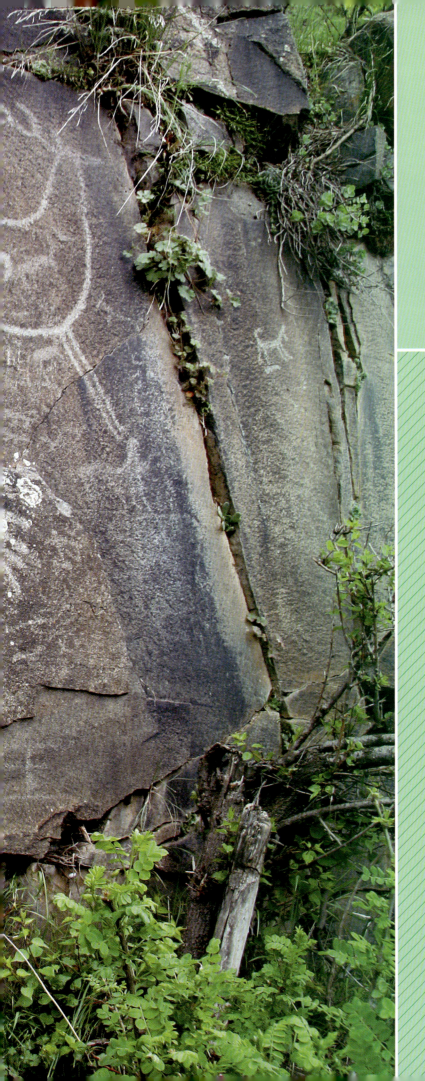

新疆伊犁河谷
草原石刻

特克斯县

阿克塔什岩棚彩绘岩画

发现于特克斯县特克斯镇阿克塔斯村（村委会）以北约7千米处，在阿克塔什山半山腰一处岩洞的内外岩壁上，位于乌孙山南麓。北纬43°20′23.6″、东经81°43′6.2″（岩画所在洞口），海拔2072.8米。岩画所在洞穴以西约1.1千米处为阿克塔斯沟，沟内山水常年流入喀拉布拉克沟。岩画所在山区生长优质牧草，附近沟内为冬草场，沟上部为夏草场；岩画所在洞穴洞口长有灌木。岩画所在洞穴外南侧为一条牧道，西南约1千米处为阿克塔斯墓群。

1988～1989年第二次全国文物普查时，伊犁地区文物普查队于此调查记录岩画4处。2009年5月26日伊犁州直第三次全国文物普查队复查，发现此前记录的地理坐标略有偏差，并新发现岩画3处，合计调查岩画7处。

岩画所在岩洞进深约6米、高2～3米、洞口宽6.5米。洞口有一巨石、长2米、宽1米、高0.9米。岩石为褐色，深浅不一，部分带有赭色。在岩洞内外的岩石上共发现岩画7处，其中洞内4处、洞口及洞外3处。岩画保存较好，因年代久远而自然剥蚀。岩画系用颜料直接绘于岩石上，呈橘色。

岩画采用密点垂直敲凿法、划刻法、磨刻法等方法制作。年代为战国至元代。

阿克塔什岩棚彩绘岩画·岩画1

▲ 岩画1

位于洞内北侧岩壁上。岩石为石灰岩，偏红褐色。岩画画面长85厘米、宽76厘米，面朝南。岩画整体呈橘红色，采用阴线划刻法，施红彩，保存较好。画中上下排列两只大角羊（北山羊），上侧羊身长24厘米、高22厘米，下侧羊身长22厘米、高18厘米。

阿克塔什岩棚彩绘岩画·岩画2

阿克塔什岩棚彩绘岩画·岩画2局部

▲ 岩画2

位于岩洞内东侧洞顶。岩石为石灰岩，灰橘色。岩画画面长20厘米、宽17厘米，面朝西。岩画整体呈橘红色，采用阴线磨刻法，施红彩，保存较差。画面主体图案为圆形，似太阳。

阿克塔什岩棚彩绘岩画·岩画3

岩画3

位于洞内东侧。岩石为石灰岩，灰黑色。岩画画面长20厘米、宽11厘米，面朝西。岩画整体呈赭红色，采用阴线磨刻法，施红彩，保存较差。画面类似眼睛形态，模糊不清。

岩画4

位于洞口东侧。岩石为石灰岩，偏红褐色。岩画画面长11厘米、宽6厘米，面朝南。岩画整体呈赭红色，采用阴线划刻法，施红彩，保存较差。画面类似狐狸形态，较模糊。

阿克塔什岩棚彩绘岩画·岩画4

唐姆洛克塔什岩画

　　发现于特克斯县科克苏镇提克卓勒村（村委会）以南约 8 千米处，在喀拉峻山中部、喀甫萨朗沟北的一条自然沟中。北纬 43°07′46.7″、东经81°59′43.8″，海拔 1768 米。南距喀甫萨朗沟约 3.1 千米，西南约 3.6 千米处为特克斯马场二连（连部），四周牧草茂盛，为马场二连的草场。喀拉峻山牧草茂盛，属杂类草、高山草甸，为一等冬、夏牧场。喀甫萨朗沟是特克斯县的优良牧场和十几种中草药产地，以地形得名，哈萨克语意为"肋骨似的沟"。

　　"唐姆洛克塔什"，哈萨克语意为"刻有印章的石头"。唐姆洛克塔什岩画于 1962 年被公布为自治区级文物保护单位。1988 年第二次全国文物普查时因方位不明确未能找到。2009 年 7 月 23 日伊犁州直第三次全国文物普查队复查记录。

　　岩画所在岩石面朝西南，呈深褐色。岩面虽较为平整，但受 2007 年"7·20"地震影响，岩面多裂缝，表面部分石块脱落。在长 2.5 米、宽 2.5 米的岩面上敲凿、磨刻了若干图案。岩画整体呈褐色，保存情况较差。画面无叠压现象，图案丰富，单体数量超过 30 个，主要为大角羊，其次还有狗、人物狩猎以及可能为部落象征的符号。

　　岩画采用阴线磨刻法。年代待定。

唐姆洛克塔什岩画全景

唐姆洛克塔什岩画·局部1

唐姆洛克塔什岩画·局部2

唐姆洛克塔什岩画·局部3

———————————————————➤

局部4

这是整幅岩画中最大的一只大角羊（北山羊）形象，身长约20厘米、高约18厘米。岩画中最小的大角羊形象身长约12厘米、高约10厘米。

———————————————————➤

局部5

此处凿刻有一个椭圆形印章图案及圆形太阳图案。

唐姆洛克塔什岩画·局部4

唐姆洛克塔什岩画·局部5

也什克勒克岩画

发现于特克斯县喀拉托海镇也什克勒克村。北纬 43°17′ 38.26″、东经 82°19′ 16″、海拔 1528 米。

岩画所在沟内的缓坡上有少量岩石。

岩画1

在峭壁上，距离地面约2米。岩石为石灰岩，呈白色。岩画画面长54厘米、宽50厘米，面朝东。岩画整体呈黄褐色，采用阴线凿刻法，保存情况较好。画面无叠压现象，内容为一只鹿，鹿角较清晰。

岩画2

在峭壁上，距离地面4米多。岩石为石灰岩，呈白色。岩画画面长60厘米、宽50厘米，面朝东南。岩画整体呈黄褐色，采用阴线凿刻法，保存情况较差。画面中有一只鹿和两只羊。

也什克勒克岩画·岩画 1

也什克勒克岩画·岩画 2

加汗萨依西岩棚彩绘岩画

发现于特克斯县喀拉托海镇阿克托海村（村委会）西北约 9.9 千米处，在特克斯河北岸、也什克勒克山中部、加汗萨依西侧的一个山沟中。北纬 43°17′22.2″、东经 82°08′57.1″（岩画），海拔 1444.2 米。南距特克斯河约 6 千米，东距加汗萨依约 1.5 千米，西距比登萨依约 1.7 千米。岩画所在沟内较宽，地势平缓，附近牧草茂盛，南侧即为一户牧民院落，西侧有一条进出山沟的便道。2009 年 6 月伊犁州直第三次全国文物普查队调查并建档。

该岩画所在岩洞洞口朝南，进深约 1 米。岩洞内东侧有一面向东北的黄褐色岩石，长约 2.5 米、宽约 1.8 米。岩画图案清晰，但岩画所在石块表面因地震有若干裂痕。图案用颜料直接绘于石面上，呈黑色，单体画面面积较小。线条有粗有细，图案有鹿、山羊、盘角羊、马、狐狸、人骑马、人射箭等。

这类岩画为首次发现，因缺乏比对材料，年代待定。

加汗萨依西岩棚彩绘岩画远景

加汗萨依西岩棚彩绘岩画

加汗萨依西岩棚彩绘岩画·局部1

加汗萨依西岩棚彩绘岩画·局部 2

加汗萨依西岩棚彩绘岩画·局部 3

加汗萨依东岩画

发现于特克斯县喀拉托海镇阿克托海村（村委会）西北约 8.6 千米处，在特克斯河北岸、也什克勒克山中部、加汗萨依东侧的岩壁上。北纬 43°17′19.3″、东经 82°10′50.2″（E 点），海拔 1650.7 米。南距特克斯河约 6 千米，西距加汗萨依约 900 米。岩画所在处山石林立，牧草茂密，为阿克托海村的草场。岩画东侧有便道，人迹较少。岩画 A 点至 D 点所在岩石旁长满茂盛的荨麻草。2009 年 6 月伊犁州直第三次全国文物普查队调查并建档。

在南北约 100 米、东西约 220 米的范围内散布 10 处岩画点。岩画保存状况较好，图案清晰。因地震原因，部分刻有岩画的岩石散落沟底。其中 A 点至 D 点在一连续的岩壁上，E 点至 J 点在海拔较高处。岩画图案多为密点敲凿，痕迹清晰，主要有山羊、太阳、鹿、人、人射箭、蛇及一些抽象图案。因调查时的客观原因（天气及距离），GPS 仅记录了 7 个坐标点 (A、D、E、F、H、I、J)。

岩画采用密点垂直敲凿法、划刻法、磨刻法等方法制作。年代待定。

加汗萨依东岩画远景

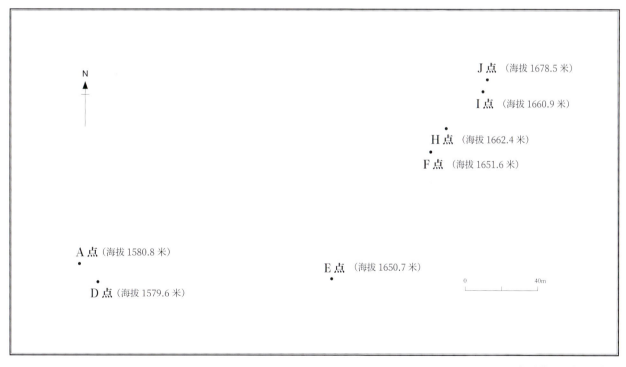

J 点 （海拔 1678.5 米）

I 点 （海拔 1660.9 米）

H 点 （海拔 1662.4 米）

F 点 （海拔 1651.6 米）

A 点 （海拔 1580.8 米）

E 点 （海拔 1650.7 米）

D 点 （海拔 1579.6 米）

加汗萨依东岩画分布图

加汗萨依东岩画·D点岩画局部（D点3）

加汗萨依东岩画·D点岩画局部（D点7）

▲ D点岩画

在长1.2米、宽1米的岩面内敲凿有一只大角羊（北山羊），身长22厘米、高11厘米，羊角长约23厘米（D点3）。此羊西侧有两处抽象图案：一处形状类似叉子；一处为上圆形下三角形的图案，通高10厘米，三角形底边长8厘米（D点7）。

加汗萨依东岩画·F点岩画局部（F点3）

加汗萨依东岩画·F点岩画局部（F点5）

F点岩画

1. 在长70厘米、宽35厘米的岩面上敲凿有大角羊、牛等图案（F点3）。

2. 在长40厘米、宽30厘米的岩面上敲凿有人、大角羊等图案（F点5）。

3. 在长90厘米、宽50厘米的岩面上敲凿有盘角羊、蛇等图案（F点21）。

加汗萨依东岩画·F点岩画局部（F点21）

加汗萨依东岩画·B点岩画局部（B点4）

加汗萨依东岩画·G点岩画局部（G点1）

加汗萨依东岩画·I点岩画局部（I点3）

I点岩画

在长20厘米、宽10厘米的岩面上敲凿有人射箭的图案（I点3）。

B点岩画

在长42厘米、宽40厘米的岩面上敲凿两只上下排列的大角羊，羊的右侧为3个圆圈，推测应为太阳（B点4）。

G点岩画

在长60厘米、宽40厘米的岩面上敲凿有大角羊、人持弓箭、马等图案，应该是一幅狩猎图（G点1）。

鄂勒格代萨依岩画

发现于特克斯县喀拉达拉镇库木吐别克村西北约 5.15 千米处，在特克斯河北岸、也什克勒克山中部的岩壁上。北纬 43°16′37.9″、东经 82°04′17.8″（YH4），海拔 1744.8 米。东距鄂勒格代萨依约 850 米，南距特克斯河约 3.8 千米。该地牧草茂盛，山石林立，为优良草场。岩画南约 800 米处为鄂勒格代萨依 3 号墓地，北侧紧挨鄂勒格代萨依 1 号墓地。2009 年 6 月伊犁州直第三次全国文物普查队调查并建档。

岩画主要散布在南北约 700 米、东西约 420 米的范围内，相对独立的岩画点有 13 处，画面面积达 148 平方米。岩画整体保存较好，部分岩画所在山石因地震而断裂脱落。

岩画采用密点垂直敲凿法、划刻法、磨刻法等方法制作。年代待定。

YH13 （海拔 1719.2 米）

N

YH7 （海拔 1743.6 米）　　　　YH3 （海拔 1693.5 米）

YH6 （海拔 1747.0 米）

YH4 （海拔 1744.8 米）　　YH5B （海拔 1745.5 米）

YH5A （海拔 1740.6 米）　　　YH8 （海拔 1748.6 米）

YH12 （海拔 1743.4 米）

YH11 （海拔 1744.7 米）

YH10 （海拔 1734.4 米）

YH9 （海拔 1716.8 米）

YH2 （海拔 1606.3 米）

0　　　　100m

YH1 （海拔 1621.6 米）

鄂勒格代萨依岩画分布图

鄂勒格代萨依岩画·YH1岩画

鄂勒格代萨依岩画·YH2岩画

鄂勒格代萨依岩画·YH3岩画

YH3岩画

在一块长80厘米、宽50厘米、厚36厘米的山石上。该石块呈黑褐色，表面有棱角，凿刻了山羊、兔子、马、鹿、狗（或狼）以及人骑马等图案。石块下部被腐蚀，带有黄色及绿色菌斑。

YH1岩画

在一块黑褐色山石上有两组图案，均为大角羊（北山羊）。

（1）五只大角羊横向排列，整体画面长53厘米、宽18厘米。羊体形及尺寸相近，单只羊身长约12.5厘米、高15厘米。

（2）一只大角羊，位于上述五只大角羊东侧1米处。羊身长11厘米、高13厘米，羊角长7厘米。所在石块有破损，羊后腿不明显。岩石东侧有一小坑。

YH2岩画

位于YH1岩画东北方向的一条小沟内。在一块长40厘米、宽30厘米、厚22厘米的颜色较浅的褐色山石上凿刻一只大角羊，羊身后还有一处残损的鹿角图案。此块石头可以搬动，应是从山上滑落至此。

鄂勒格代萨依岩画·YH5岩画局部

鄂勒格代萨依岩画·YH9岩画局部

YH5A岩画

(1) 在长20厘米、宽20厘米的岩面内敲凿一只盘角羊，下方依稀有一只大角羊。两幅岩画左下1.7米处有一只静态鹿的图案。

(2) 在长20厘米、宽15厘米的岩面内敲凿一只静态的鹿，昂头竖角，线条清晰。

YH9岩画

此处山石表面一层因地震而断裂脱落，故岩画有缺损。在长16米、宽9米的岩面内散布较多图案，主要为大角羊，还有人射箭、骑马以及牛、鹰等图案。局部图案为两只奔跑的狗和一只大角羊。

鄂勒格代萨依岩画·YH13岩画

▲ YH13岩画

在长20厘米、宽10厘米，长80厘米、宽50厘米，长60厘米、宽50厘米，长90厘米、宽30厘米，长40厘米、宽20厘米，长20厘米、宽15厘米，长20厘米、宽10厘米的岩面内敲凿有若干图案，主要为大角羊，还有马、骆驼及人等图案。此外，许多因地震、水冲等原因散落的岩石上也刻有各种图案。

吾日克沟口岩画

　　发现于特克斯县喀拉达拉镇库木吐别克村西南约 3.8 千米处，在也什克勒克山南麓、特克斯河北岸的山坡上，南距特克斯河约 200 米。北纬 43°14′31.2″、东经 81°59′25.8″（岩画 2），海拔 1148.1 米。该处土层深厚、土壤肥沃，为特克斯马场的草场，东约 1 千米处为特克斯马场场部，南约 20 米处为一条可通汽车的便道。周围属于铁热克提萨依沟口 1 号墓群范围。2009 年 6 月伊犁州直第三次全国文物普查队调查并建档。

　　岩画刻在 3 块黑褐色岩石上，应是从山顶滑落至此。部分岩画画面因风雨侵蚀而模糊不清。

　　岩画采用密点垂直敲凿法、划刻法、磨刻法等方法制作。年代待定。

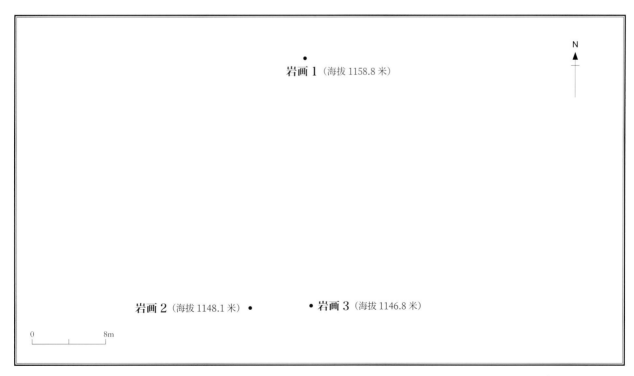

岩画 1 （海拔 1158.8 米）

N

岩画 2 （海拔 1148.1 米）　　岩画 3 （海拔 1146.8 米）

0　　　　8m

吾日克沟口岩画分布图

吾日克沟口岩画·岩画1

岩画1

在边长30厘米的岩面内敲凿有两只大角羊（北山羊），画面较模糊。

吾日克沟口岩画·岩画2

岩画2

在边长20厘米的岩面内敲凿有一只盘角羊。

吾日克沟口岩画·岩画3

岩画3

在长35厘米、宽25厘米的岩面内敲凿有两只并列的大角羊。

可可达萨依岩画

　　发现于特克斯县喀拉托海镇也什克勒克村西北约4千米处，在也什克勒克山南、可可达萨依沟内，东南距沟口约2.9千米。北纬43°17′29.8″、东经82°19′17.0″（C点），海拔1507.2米。可可达萨依沟内有一条南北向的便道可通沟外，近沟口有玉金矿业的选矿厂。A点附近有两户牧民的冬窝子和羊圈。2009年5月伊犁州直第三次全国文物普查队调查并建档。

　　岩画凿刻在可可达萨依沟北、东、西侧的峭壁上，在沟内缓坡的岩石上也有少量发现，保存状况一般，部分岩画因风雨侵蚀而模糊不清。在沿沟南北约2.6千米的范围内共发现岩画点7处（A点至G点），其中A点在北、B点至E点在中间，F点、G点在南端。北、中、南彼此相距1～1.5千米，海拔547.8～1530.8米。

　　岩画采用敲凿、磨刻以及特殊的"减地"法制作。年代待定。

• A 点（海拔 547.80 米）

N

• B 点（海拔 1530.80 米）

（海拔 1497.60 米）D 点 • • C 点（海拔 1507.20 米）
•
E 点（海拔 1483.30 米）

F 点（海拔 1327.20 米）
•
• G 点（海拔 1292.20 米）

0   400m

可可达萨依岩画分布图

可可达萨依岩画远景

可可达萨依岩画·B点岩画局部

可可达萨依岩画·C点岩画

B点岩画
高约3米、宽2米的岩壁被平涂成赭红色（颜料成分不明），以"减地"法去掉画面周围的赭红色，形成块面状的鹿和羊的形象，约有10只，部分已不清晰。画面上还有许多现代人的涂鸦作。

C点岩画
在高80厘米、宽70厘米的黑色岩石西壁上刻有大角羊（北山羊）5只。

可可达萨依岩画·F点岩画

F点岩画
在长1米、宽0.9米的
岩画上刻有两个骑马
者、一大一小两只大
角羊和一只狗。

可可达萨依岩画·G点岩画

G点岩画
为一个骑马者形象，
长10厘米、高7厘米。

铁热克提萨依岩画

发现于特克斯县呼吉尔特蒙古族乡喀拉萨依村西，在也什克勒克山南、铁热克提萨依西侧的山梁上，东南距沟口约 3 千米。北纬 43°15′54″、东经 82°00′2.5″（D 点），海拔 1678.0 米。该处为喀拉萨依牧业村冬草场。沟内有一条南北向的便道可通沟外，沟底有几户牧民的房屋。2009 年 5 月伊犁州直第三次全国文物普查队调查并建档。

在山梁上东西 100 米、南北 150 米的范围内发现 6 块山岩（A 点至 F 点）上刻有岩画，海拔 1678.0 ～ 1696.7 米。岩画保存状况一般，部分岩画因风雨侵蚀而模糊不清。

岩画采用敲凿、磨刻等方法制作。年代待定。

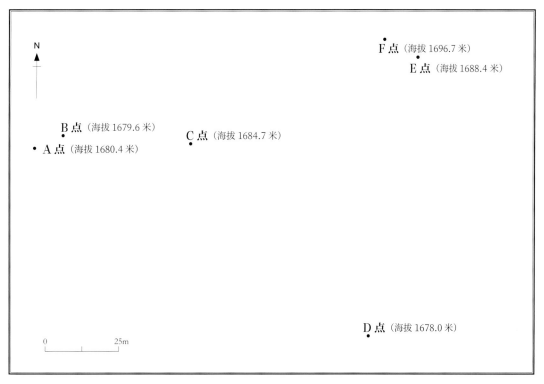

铁热克提萨依岩画分布图

铁热克提萨依岩画·C点岩画远景

铁热克提萨依岩画·C点岩画局部

C点岩画

在散乱的山石块上零散雕刻有7只羊。其中一块长87厘米、宽80厘米的岩石面平整，刻一大一小两只盘角羊，大羊长60厘米、高40厘米，十分醒目。

铁热克提萨依岩画·E点岩画

E点岩画

距C点约30米。长1.5米、宽1米的岩面上刻有5只羊，大羊长22厘米、高7厘米，小羊长15厘米、高5厘米。

铁热克提萨依岩画·未标明点位岩画01

未标明点位岩画01

海拔约1670米，距E点约5米。所在岩石呈黑褐色。岩画画面长39厘米、宽20厘米，面朝南。岩画整体呈灰色，采用阴线磨刻法，保存较差。画面中两个圆形相连，疑似部落标志或某种特殊符号。

铁热克提萨依岩画·未标明点位岩画02

未标明点位岩画02

海拔约1670米。所在岩石呈黑褐色。岩画画面长18厘米、宽17厘米，面朝南。岩画整体呈灰色，采用阴线磨刻法，保存较差。画面中为一只大角羊（北山羊）。

铁热克提萨依岩画·未标明点位岩画03

铁热克提萨依岩画·未标明点位岩画04

铁热克提萨依岩画·未标明点位岩画05

未标明点位岩画03

海拔约1670米。所在岩石呈黑褐色。岩画画面长20厘米、宽15厘米，面朝南。岩画整体呈灰色，采用阴线磨刻法，保存较差。画面中为一只天山马鹿。

未标明点位岩画04

海拔约1670米。所在岩石呈黑褐色。岩画画面长67厘米、宽62厘米，面朝南。岩画整体呈褐色，采用阴线磨刻法，保存情况一般。画面无叠压现象，为一大一小、前后跟随的两只大角羊。

未标明点位岩画05

海拔约1670米。所在岩石呈黑褐色。岩画画面长31厘米、宽30厘米，面朝南。岩画整体呈灰色，采用阴线磨刻法，保存情况较差。画面无叠压现象，主体图案为天山马鹿、骆驼等3只（头）动物。

阿扎提萨依东岩画

发现于特克斯县呼吉尔特蒙古族乡呼吉尔特村东北约 4.2 千米处，在也什克勒克山南、阿扎提萨依以东约 1 千米的沟谷中，地处特克斯河北岸山区，南距阿扎提萨依沟口约 1.3 千米。北纬 43°15′29.5″、东经 81°56′03.8″（A点），海拔 1417.09 米。沟狭窄，内有泉水，少树，牧草低矮，为冬草场。西南约 4.2 千米为呼吉尔特蒙古族乡呼吉尔特村。沟内有一条南北向的便道可通沟外。2009 年 6 月伊犁州直第三次全国文物普查队调查并建档。沟口有同时调查建档的阿扎提萨依沟口墓群及阿扎提萨依西岩画。

在两块崖壁（A 点、B 点）发现岩画，两崖壁南北相距约 40 米，海拔约 1400 米。岩画保存状况一般，部分岩画因风雨侵蚀而模糊不清。

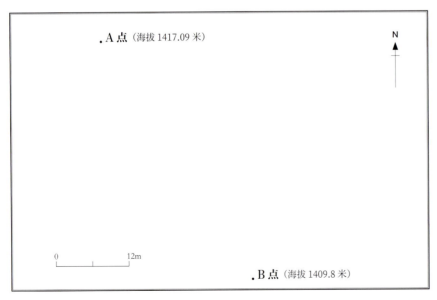

阿扎提萨依东岩画分布图

阿扎提萨依东岩画·A点岩画所在山岩远景

阿扎提萨依东岩画·A点岩画局部1

阿扎提萨依东岩画·A点岩画局部2

▲　A点岩画

　　在长约8米、宽约6米的不规则岩面上分散刻有羊的形象，画面朝南。局部1为整幅岩画中体形最大的大角羊（北山羊），长40厘米、高20厘米。局部2表面间有近人涂刻。

阿扎提萨依西岩画

发现于特克斯县呼吉尔特蒙古族乡呼吉尔特村东北约 2 千米处，在也什克勒克山南麓阿扎提萨依沟口西侧山坡的岩石上。北纬 43°14′45.6″、东经 81°55′03.0″（岩画 9），海拔 1192.2 米。东侧、西侧为山地草场，南侧接农田和林带，南邻特克斯河。呼吉尔特蒙古族乡的主要灌溉设施——巴合特干渠从南侧穿过，西南靠近特克斯马场八连。由县城通往喀拉达拉镇的公路在岩画点以南约 1 千米处穿过，路南为农田和林带。2009 年 6 月伊犁州直第三次全国文物普查队调查并建档。东北约 1.2 千米处为同时调查建档的阿扎提萨依东岩画。

岩画凿刻在山坡岩石上，部分岩画因风雨侵蚀而模糊不清，部分刻有岩画的石块因地震滚落、破裂。在南北约 550 米、东西约 360 米的范围内发现 3 处共 19 块岩石上有岩画（岩画 1～19）。一处在西南端（岩画 1～6），一处在东南端（岩画 7～10），一处在东北端（岩画 11～19），相距 200～500 米。

岩画采用敲凿、磨刻等方法制作。年代待定。

岩画 16

岩画 15　岩画 17

岩画 13

岩画 12　　岩画 14

岩画 11

岩画 18　岩画 19

N

岩画 9

岩画 8　　岩画 10

岩画 7

岩画 4

岩画 3

岩画 6　岩画 5

岩画 2

岩画 1

0　　　　　50m

阿扎提萨依西岩画分布图

阿扎提萨依西岩画所在地远景

岩画2

在一块滚落的长90厘米、宽80厘米的岩石面上刻
有一只狗和五只大角羊（即北山羊，每只长20厘
米、高20厘米），模糊不清。

阿扎提萨依西岩画·岩画2

阿扎提萨依西岩画·岩画7

▲ 岩画7

　　在长40厘米、宽35厘米的岩石面上通幅凿刻一只大角羊，姿态优美。

阿扎提萨依西岩画·未标明点位岩画01

▲ 未标明点位岩画01

　　原应位于也什克勒克山南、阿扎提萨依沟口西侧的山坡上，发现时岩画所在石块已滚落至坡下。岩画所在岩石呈黑褐色。岩画画面长1.12米、宽0.75米，面朝北。岩画整体呈石灰色，采用阴线磨刻法，保存较差。画面中为大角羊，另有一些模糊的动物形象。

阿扎提萨依西岩画·未标明点位岩画02

阿扎提萨依西岩画·未标明点位岩画02局部

▲ 未标明点位岩画02

位于也什克勒克山南、阿扎提萨依沟口西侧的山坡上。岩画所在岩石呈黑褐色。岩画画面长2.7米、宽2.2米，面朝北。岩画整体呈灰色，采用阴线磨刻法，保存较差。画面中为4只大角羊。

巩留县

布库尔萨依岩画

发现于巩留县提克阿热克镇萨尔布群村（村委会）西南 5 千米处，在伊什格力克山北布库尔萨依沟阳面山上。北纬 43°28′03.0″、东经 81°51′54.0″，海拔 1406.20 米。山势陡峻，沟内多野果树和灌木，对面山坡草甸葱绿。沟内有一户蒙古族牧民。车行可到岩画所在山坡下，出沟口向东 3 千米接 216 省道。2009 年 6 月伊犁州直第三次全国文物普查队调查并建档。

岩画分布在 5 块岩壁上，保存基本完好。最大的一面岩壁长 7 米、宽 1.7 米，石壁平整，上刻羊 20 只、鹿 1 只。其余岩画分布在 4 块较小的岩壁上，其中一面长 2.5 米、宽 1.5 米的岩壁上刻羊 11 只，一面长 1.5 米、宽 0.6 米的岩壁上刻羊 12 只，一面长 1 米、宽 0.8 米的岩壁上刻骆驼 1 头、人 1 个、羊 3 只。

岩画主要采用敲凿、磨刻方法制作，技法娴熟。

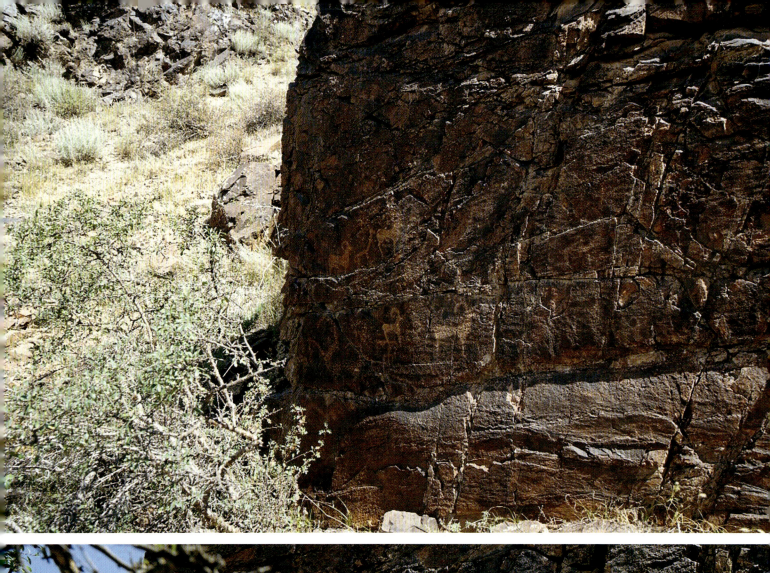

布库尔萨依岩画局部

库勒萨依岩画

发现于巩留县提克阿热克镇萨尔布群村（村委会）西南约 18 千米的萨尔布群大峡谷（南北走向）西侧群山中，凿刻在陡峭的崖壁及山崖滑落的岩块上，北距峡谷口约 8 千米。北纬 43°23′39.8″、东经 81°51′31.3″、海拔 1660 米。峡谷内多支沟，库勒萨依沟在其以南约 1 千米处。该峡谷自古为交通要冲，沟内现有伊宁至特克斯的公路。2009 年 7 月伊犁州直第三次全国文物普查队调查并建档。

岩画保存较好，但由于山体岩石破裂导致岩画整体受损。主要分布于南、北两处相对集中的岩画点。其中北侧的岩画凿刻在一块陡峭的崖壁上（海拔 565 米），画面约长 1.5 米、宽 1 米，刻有羊、持棍人物、骑者。南侧岩画较多，在东西约 240 米、南北约 140 米、海拔 1642～1683 米范围内发现 22 块岩石上刻有岩画。其中最大的岩画画面约长 2.5 米、宽 1 米，刻有 10 余只羊的形象。此外还有人及骆驼的形象，以及一些难明其意的几何符号。

岩画主要采用敲凿、磨刻方法制作，以块面或线条表现主题，部分画面模糊不清。年代待定。

库勒萨依岩画·局部1

库勒萨依岩画·局部2

新疆伊犁河谷草原石刻

库勒萨依岩画·局部3

库勒萨依岩画·局部4

库勒萨依岩画·局部 5

库勒萨依岩画·局部 6

库勒萨依岩画·局部7

霍城县

开勒木库尔沟岩画

　　发现于霍城县萨尔布拉克镇恰特尔塔勒村北约 2 千米处，在阿克塔斯山开勒木库尔沟中。北纬 44°17′25.8″、东经 81°06′4.0″，海拔 1214.5 米。开勒木库尔沟为阿克塔斯山四条支沟之一，沟西约 3 千米处为开别业克萨依沟，沟东约 2 千米处为巴衣地尚沟。沟前台地开辟为旱田，种植葵花、打瓜、玉米等农作物。岩画位于山上，南约 200 米处有牧道通往山下，山下为恰特尔塔勒村居民点及农田。

　　岩画凿刻在山谷南阳坡面的自然石上，分布在海拔 1214～1268 米。由于长时间暴露于地表之上，遭自然风蚀破坏较严重，刻痕模糊，部分画面脱落，保存状况一般。岩画共 4 幅，面积共 8 平方米，每幅岩画之间相距约百米。除一处岩画画面一面朝西、一面朝东外，其余岩画画面均向南。画面所在自然石为砂岩石，表面呈深褐色，石面光滑。最大的石面长 2.2 米、宽 2 米，刻痕甚浅，画面模糊，可看出有羊、鹿，以大角羊（北山羊）为主。其中有一画面偏西处刻划一只大角羊，犄角圈成一圈半的圆圈形；另一幅画面上方刻划一只鹿，形态生动逼真。

　　岩画年代待定。

开勒木库尔沟岩画·岩画1

开勒木库尔沟岩画·岩画 2

尼勒克县

奴拉赛岩画

发现于尼勒克县克令镇克孜勒吐木斯克村地域内，在喀什河南岸、阿布热勒山北坡奴拉赛沟内北侧的山坡上。北纬 43°46′9.5″、东经 82°28′5.5″、海拔 1353.1 米。岩画点北距喀什河 3 千米，以南 100 米处为采矿公司的井架、150 米处为奴拉赛铜矿遗址，附近分布着奴拉赛墓群。

岩画共 8 幅，面积约 6 平方米，大部分保存较好，少数画面因长期的风雨侵蚀而模糊不清。所在岩石呈黑褐色。岩画画面多向南，内容以动物图像为主。有的石面上仅刻一只动物，有的石面上刻多个动物及符号共同构成一幅画面。

岩画均为敲凿或通体研磨于坚硬、平整的岩石面上。年代待定。

奴拉赛岩画·岩画1

奴拉赛岩画·岩画2

奴拉赛岩画·岩画 3

奴拉赛岩画·岩画 3 局部

奴拉赛岩画·岩画4

奴拉赛岩画·岩画4局部

奴拉赛岩画·岩画5

奴拉赛岩画·岩画5局部

▲ 岩画5

此处画面是一幅狩猎图，描绘了一位猎人骑马猎兽的场面。猎人骑在马上追赶猎物，前面有两
只大角羊（北山羊）在奔跑。

察布查尔锡伯自治县

琼博拉岩画

发现于察布查尔锡伯自治县琼博拉镇琼博拉村东的琼博拉沟内。北纬 43°33′23.4″、东经 80°58′21.4″、海拔 1204.4 米。岩画地处乌孙山北麓、琼博拉沟内东侧斜坡上，西约 5 千米处为索墩布拉克沟。岩画点西邻琼博拉村，南约百米处的沟内有一片树林，东约 200 米处有公路通过、约 1 千米处为琼博拉镇政府驻地。2008 年 11 月伊犁州直第三次全国文物普查队调查并建档。

岩画凿刻于散布沟内的 8 块岩石上、共 21 幅。画面多向南。内容以动物图像为主，其中以大角羊（北山羊）为多，还有马、鹿、牧人、猎人以及符号。该组岩画大多保存较好，少量遭风雨侵蚀导致表面模糊不清。

岩画年代待定。

琼博拉岩画 · 岩画 1

▲ 岩画1

凿刻在一块长1.6米、宽0.9米的赭色岩石上，主体内容是一只鹿和两只狼。画面上方两只狼扑向鹿，一只咬住鹿的脖颈，另一只咬住鹿的臀部；画面下方还有两只大角羊。岩画采用敲凿、磨刻等技法制作。

岩画2

凿刻在一块长1.6米、宽0.9米的灰色岩石上，画面中有大角羊15只、人骑马形象3个及马1匹。人物及马在羊群前方，均朝一个方向行进。岩画采用敲凿、磨刻等技法制作。

岩画3

凿刻在一块长80厘米、宽50厘米的赭色岩石上，画面为两个弯弓搭箭的猎人分别射向两只盘角羊。

琼博拉岩画·岩画 2

琼博拉岩画·岩画 3

新源县

塔特然岩画

发现于新源县则克台镇阿西勒村西北 5.5 千米处，在塔特然山口西侧、阿布热勒山南的岩石峭壁上。北纬 43°35′30.1″、东经 83°01′16.3″（画 C），海拔 1126.2 米。该段山体主要由砂岩、砾岩、页岩及煤系地层构成。该地南望巩乃斯河谷平原，西为塔特然沟，南坡下东、西草场连绵，山上有野杏、山杨、野苹果等稀疏的植被分布。西隔塔特然沟与尼勒克县木斯镇草场相邻，南约 3.5 千米处为东西走向的 218 国道，山南坡地上有新发现的塔特然墓群，山上有狭窄的牧道可至山顶。2009 年 4 月伊犁州直第三次全国文物普查队调查并建档。

塔特然岩画大多凿刻于阿布热勒山南岩石峭壁上，山前坡地边缘的石块上也有少量发现，岩画分布在东西五六百米、海拔 1065 ~ 1230 米范围内。在 15 处岩面上发现成组的岩画。岩画保存状况一般，65 处岩画画面中约有一半因风雨侵蚀而模糊不清。其中较大的画面长 7 米、宽 2 米，较小的画面长 30 厘米、宽 20 厘米。画面内容有大角羊（北山羊）、盘角羊、鹿、双峰驼、牛以及人物形象，还见有车轮形图案。所绘动物或粗壮，或纤巧，或静态，或动态；人物或射猎，或乘骑，或伫立。另外还有至少 50 处岩面刻有单独的动物画面，多为羊的形象。

岩画采用敲凿、刻划、磨刻等多种方法制作。从岩画的形式、雕凿技法以及画面风化的不同程度看，其形成的时间早晚差别较大。在岩画点东侧发现有春秋战国至汉晋时期的墓葬群，一部分岩画可能与墓群属同时期的文化遗存，还有一部分则可能是晚近牧民的作品。

该岩画群分布面积大、岩画内容较为丰富，在整个伊犁地区也不多见。

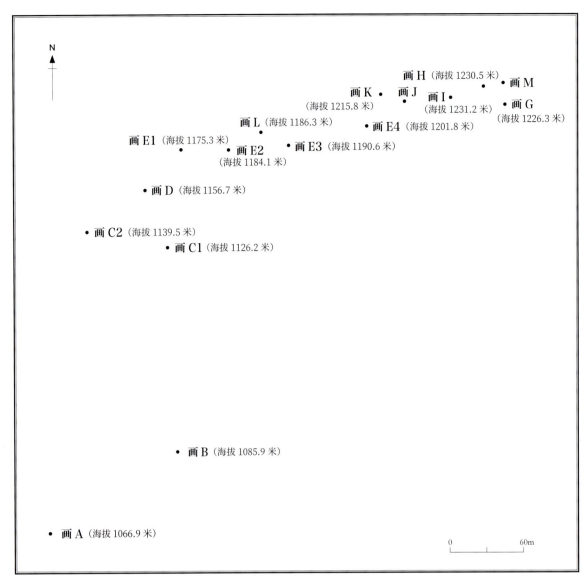

N

画 H（海拔 1230.5 米）

画 M

画 K（海拔 1215.8 米）

画 J

画 I（海拔 1231.2 米）

画 G（海拔 1226.3 米）

画 L（海拔 1186.3 米）

画 E4（海拔 1201.8 米）

画 E1（海拔 1175.3 米）

画 E2

画 E3（海拔 1190.6 米）

（海拔 1184.1 米）

画 D（海拔 1156.7 米）

画 C2（海拔 1139.5 米）

画 C1（海拔 1126.2 米）

画 B（海拔 1085.9 米）

画 A（海拔 1066.9 米）

0   60m

塔特然岩画分布图

塔特然岩画所在地远景

塔特然岩画·岩画1（大角羊）

塔特然岩画·岩画2（大角羊）

塔特然岩画·岩画3（大角羊）

塔特然岩画·岩画4（大角羊）

塔特然岩画·岩画5（大角羊）

塔特然岩画·岩画5（大角羊）局部

塔特然岩画·岩画6（大角羊）

塔特然岩画·岩画7（大角羊）

塔特然岩画·岩画8（群羊）

塔特然岩画·岩画9（大角羊）

塔特然岩画·岩画10（大角羊）

塔特然岩画·岩画11（大角羊）

塔特然岩画·岩画12（大角羊）

塔特然岩画·岩画13（大角羊）

塔特然岩画·岩画14（大角羊与鹿）

塔特然岩画·岩画15（鹿）

塔特然岩画·岩画16（骆驼）

塔特然岩画·岩画17（骆驼）

塔特然岩画·岩画18（牛）

塔特然岩画·岩画19（盘角羊）

塔特然岩画·岩画20（群羊）

塔特然岩画·岩画21（人、羊）

塔特然岩画·岩画22（手持工具的人与大角羊）

塔特然岩画·岩画23（画H，狩猎图）

塔特然岩画·岩画24（狩猎图）

塔特然岩画·岩画25（鹿）

塔特然岩画·岩画26（大角羊）

新疆伊犁河谷草原石刻

塔特然岩画·岩画 27（大角羊）

塔特然岩画·岩画 28（牛）

塔特然岩画·岩画29（画J，群羊）

新疆伊犁河谷草原石刻

塔特然岩画·岩画 30（画 M，群羊）

克孜勒塔斯沟岩画

　　发现于新源县则克台镇则克台村北的克孜勒塔斯沟内，在阿布热勒山南岩石峭壁上。北纬 43°34′40.1′、东经 83°17′48.5″（岩画西侧），海拔 1418.9 米。该段山体主要由砂岩、砾岩、页岩及煤系地层构成。该地南望巩乃斯河谷平原，西为纳瓦萨依，东为则克台萨依，南坡下东、西草场连绵。南约 5 千米为东西走向的 218 国道，山上有狭窄的牧道可至山顶。山南坡地上新发现多处古代墓群。1988 年第二次全国文物普查时建档。克孜勒塔斯沟岩画于 2005 年被公布为县级文物保护单位，2007 年被公布为自治区级文物保护单位。2009 年 4 月伊犁州直第三次全国文物普查队复查。

　　该岩画雕刻在一巨大岩石面上。石面平整光滑，呈深褐色，长约 26 米、宽约 10 米。画面在岩石下部，通长约 10 米、宽约 2 米，主体画面清楚，部分画面因风雨侵蚀而模糊。其中较大画面长 8 米、宽 2 米和长 6 米、宽 1.6 米，较小的长 1 米、宽 0.5 米。整个画面偏左部分均为动物图像，以大角羊（北山羊）为多，还有马、狗等。最下角有一排竖写的文字，与古突厥文相似。画面中部为狩猎图，分步猎和骑猎两种，猎人手持弓箭，狩猎对象以大角羊为主。画面右部动物形象相互叠刻，十分模糊，可辨认的有大角羊等。

　　岩画采用敲凿、磨刻等多种方法制作。年代推测为战国至元代。

克孜勒塔斯沟岩画远景

克孜勒塔斯沟岩画·岩画1（狩鹿）

克孜勒塔斯沟岩画·岩画2（牵马图）

克孜勒塔斯沟岩画·岩画3（狩猎图）

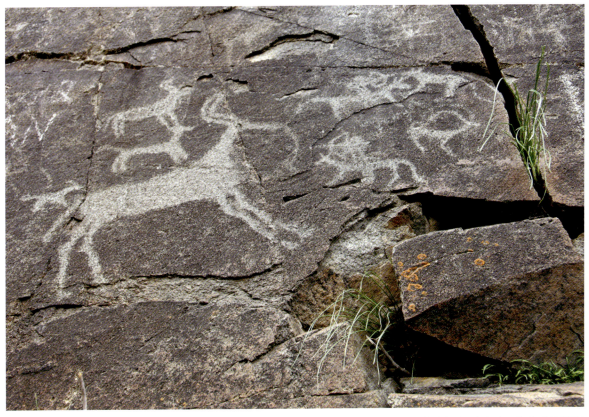

克孜勒塔斯沟岩画·岩画4（狩猎图）

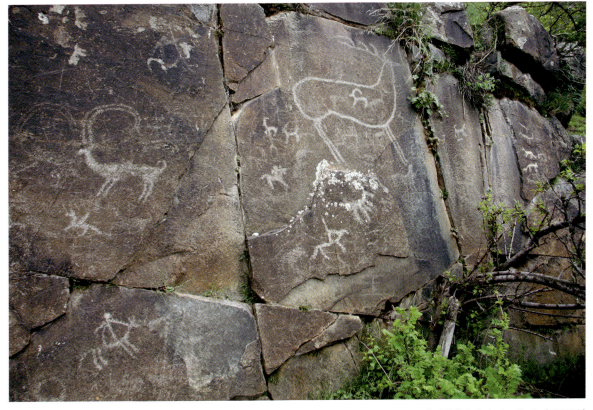

克孜勒塔斯沟岩画·岩画5（狩猎图）

克孜勒塔斯沟岩画·岩画6（群马）

克孜勒塔斯沟岩画·岩画7

铁木里克阿克赛岩画

发现于新源县则克台镇铁木里克村东北约 3.6 千米处，在阿布热勒山南、阿克赛沟西侧山岩上。北纬 43°35′07.1″、东经 83°07′34″（画 7 旁），海拔 1192.5 米。该段山体主要由砂岩、砾岩、页岩及煤系地层构成。该地南望巩乃斯河谷平原、南坡下东、西草场连绵。阿克赛沟内偏西有一条进入沟内的便道，附近低坡上有牧民的院落。这一带是铁木里克村的冬春牧场，可牧放 1700 头牲畜。2009 年 4 月伊犁州直第三次全国文物普查队调查并建档。岩画点以东约 400 米的沟内两侧坡地上有同时调查发现的铁木里克阿克赛沟墓群。

岩画分布在东西约 100 米、海拔 1146.6～1193.2 米范围内，保存状况一般。在 11 块不规则的黑色岩石上有图像可辨，为羊的形象，一个岩面上刻 1 只、3 只或 5 只羊不等；另有 8 块岩石上的图像风蚀严重，隐约刻有羊，但很模糊，难以辨认。此外还发现有圆圈图案。羊多为粗线条表现的静态形象，也有个别表现为动态形象。画 1 较引人注目，在一块长 2 米、宽 2 米的岩面上磨刻一只形体较大的大角羊（北山羊），长 70 厘米、高 77 厘米，有双角、四腿，以阴刻的圆圈表现眼睛。

岩画多采用磨刻的方法制作，也有敲凿后再经磨刻的。年代待定。

N

画 9（海拔 1193.2 米）

画 8（海拔 1192.0 米）
画 6（海拔 1184.8 米）
画 7（海拔 1192.5 米）
画 5（海拔 1182.2 米）

画 4（海拔 1177.6 米）

画 3（海拔 1165.4 米）

画 10（海拔 1156.7 米）

画 11（海拔 1158.8 米）

画 1（海拔 1146.6 米）

画 2（海拔 1155.5 米）

0   16m

铁木里克阿克赛岩画分布图

铁木里克阿克赛岩画所在地远景

铁木里克阿克赛岩画·画1（大角羊）

铁木里克岩画

发现于新源县则克台镇铁木里克村北、阿尤萨依沟西侧，凿刻在阿布热勒山南的岩石峭壁上。北纬 43°33′04.7″、东经 83°10′46.9″（画 3 旁），海拔 971.3 米。该段山体主要由砂岩、砾岩、页岩及煤系地层构成。此地南望巩乃斯河谷平原，东约 1 千米处为阿尤萨依沟，南坡下东、西草场连绵。岩画点南约 700 米为东西走向的 218 国道。附近有新发现的在铁木里克以东约 6 千米的墓群。2009 年 5 月伊犁州直第三次全国文物普查队调查并建档。

岩画大部分图像清晰，个别因风蚀而模糊不清。另外由于当地居民取山石造成岩画所在的石块移动，且有部分石块被居民取走。岩画分布在东西约 200 米、海拔 920.8 ~ 1011.8 米范围内。在 18 块不规则的黑色岩石块上发现刻有羊的形象，一个岩面上刻 1 只、3 只或 5 只羊不等，羊多为粗线条表现的静态形象。

岩画多采用磨刻的方法制作，也有敲凿后再经磨刻的。年代待定。

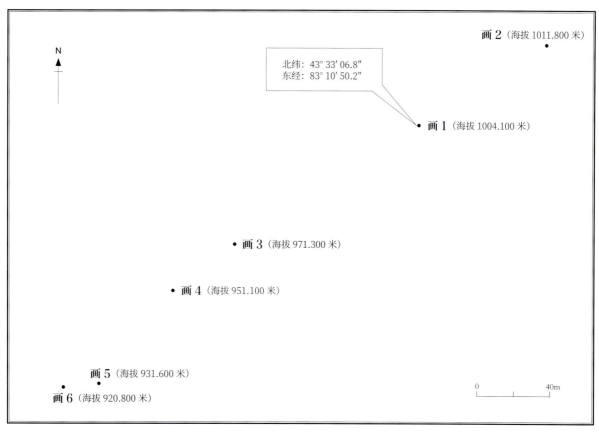

画 2（海拔 1011.800 米）

北纬：43°33′06.8″
东经：83°10′50.2″

画 1（海拔 1004.100 米）

画 3（海拔 971.300 米）

画 4（海拔 951.100 米）

画 5（海拔 931.600 米）

画 6（海拔 920.800 米）

0　　　　　40m

铁木里克岩画分布图

铁木里克岩画所在地远景

铁木里克岩画·岩画1（大角羊）

铁木里克岩画·岩画2（大角羊）

铁木里克岩画·岩画3（大角羊）

铁木里克岩画·岩画4（大角羊）

铁木里克岩画·岩画5（群羊）

铁木里克岩画·岩画6（鹿和狗）

铁木里克岩画·岩画7（群羊）

铁木里克岩画·岩画7局部（大角羊）

伊宁县

卡约鲁克沟岩画

发现于伊宁县曲鲁海村北约 5.5 千米处，在科古尔琴山南麓、卡约鲁克沟中。沟口测点为北纬 43°59′25.9″、东经 81°41′26″，海拔 1075 米。岩画点以南为平缓开阔的山前台地，以东约 2.5 千米处为曲鲁海沟，以西约 4 千米处为克孜勒布拉克沟口。岩画四周被曲鲁海 1 号墓群包围。1988~1989 年第二次全国文物普查时发现 3 处岩画。2005 年 5 月，卡约鲁克岩画被公布为县级文物保护单位。2009 年 4 月伊犁州直第三次全国文物普查队复查时，岩画仅剩两处。自然条件的变迁可能导致岩画消失，人类的生产、生活活动也可能对岩画造成破坏。

岩画在沟内分布有两处：A 点岩画地理坐标为北纬 43°59′32.3″、东经 81°41′40.5″，海拔 1116.6 米；B 点岩画地理坐标为北纬 43°59′33.3″、东经 81°41′39.6″，海拔 1131.3 米。

岩画年代待定。

卡约鲁克沟岩画远景

A点岩画

在一块长70厘米、宽40厘米的黑褐色石上刻一只长23厘米、高15厘米的大角羊（北山羊）。

B点岩画

在一块长60厘米、宽40厘米的黑褐色石上刻一只长20厘米、高11厘米的大角羊。岩画保存状况一般，图案已模糊。

卡约鲁克沟岩画·A点岩画（大角羊）

卡约鲁克沟岩画·B点岩画（大角羊）

突尤可岩画

　　发现于伊宁县喀什镇其巴尔吐别克村琼布拉克自然村，在阿布热勒山南麓、南北走向的突尤可沟内。北纬 44°45′09.3″、东经 82°03′10.3″（岩画 1），海拔 873 米。向南是低山丘陵地带，向西是夏特尔塔斯沟，向东是库木德沟。岩画所在山坡与主体山脉相连，南侧沟谷中有三户牧民院落。东北约 50 米有一条山路直通大山深处，北约 1 千米处有一座铜矿，南约 200 米处为突尤可墓群。2009 年 4 月伊犁州直第三次全国文物普查队调查并建档。

　　岩画地处突尤可沟北侧山岩上，海拔 872～1096 米。在东西 310 米、南北 180 米的范围内发现 3 幅岩画，均敲凿于山岗之上平整的岩壁上。所在岩石呈黑褐色，石质坚硬。岩画保存完整，由于长期的风吹、日晒、雨淋，部分已模糊不清。

　　岩画年代待定。

突尤可岩画分布图

突尤可岩画远景

突尤可岩画·岩画1

突尤可岩画·岩画2

突尤可岩画·岩画3

岩画1
画面朝南，为一头骆驼的侧影，长12厘米、高8厘米。骆驼头朝东，脖子弯曲，两个驼峰高高隆起，极为生动形象。

岩画2
在岩画1西南150米处。画面朝西，刻一只行走状的大角羊（北山羊），长10厘米、高12厘米。

岩画3
位于岩画2附近。画面朝南，为牧羊图。画面前方是一只山羊，长10厘米、高8厘米；山羊后面有一位牧人，大小与山羊几乎相当。

托逊岩画

　　发现于伊宁县阿乌利亚乡托逊村北约 4 千米处，在科古尔琴山南麓、库鲁斯台沟内。北纬 42° 02′ 44.5″、东经 81° 50′ 46.0″（岩画旁），海拔 1425.7 米。"库鲁斯台沟"蒙古语意为"芦苇沟"，南北走向，上游有托逊牧场，中段及出山口为库鲁斯台村。沟中有山溪水，可灌溉少量土地；建有简易公路，可通汽车。周围为春秋草场。岩画点东侧为库鲁斯台沟（河），东面山梁上为托逊 3 号墓群。岩画点南侧有一户牧民院落。2009 年 4 月 27 日伊犁州直第三次全国文物普查队调查并建档。

　　岩画位于库鲁斯台沟内山体的一处山石上，保存较好。据说以前还有刻着五六只山羊的岩画，但已被人为取石所破坏。

　　岩画年代待定。

托逊岩画远景

托逊岩画全景（东向西）

岩画位于一块长约2米、宽约1米的褐色岩石面上，图案为一只大角羊（北山羊）。羊身长36厘米，肚宽9.5厘米，腿长10厘米，角长约13厘米。岩画采用磨刻的方法制作，线条流畅。

托逊岩画近景

昭苏县

科培雷特岩画

发现于昭苏县喀拉苏镇克西克萨尔阔布村南 25 千米处，在南天山北麓阿克牙孜河与科布尔特河交汇处南岸，北望特克斯河谷。北纬 42°35′05.3″、东经 81°08′58.9″，海拔 2110 米。北距阿克牙孜沟口约 20 千米，西北约 3 千米处有空古尔布拉克河由西向东汇入阿克牙孜河。河沟两旁古树参天，沟底清水潺潺，风景宜人，野生动物资源丰富，是县属 5 个乡场的冬草场，每年可牧放牲畜 15 万头。岩画所在地附近的河谷阶地上有一处废弃的木屋，河谷南侧有牧民院落。有南北向的简易路由沟外通向沟内。西北约 3 千米处为空古尔布拉克沟口石人石堆墓。1962 年 7 月 11 日被公布为自治区级文物保护单位。1988～1989 年第二次全国文物普查时建档。2009 年 8 月伊犁州直第三次全国文物普查队复查。

岩画凿刻在阿克牙孜河南岸断崖的一块巨石上，巨石高 2.7 米、东西宽 3.5 米。巨石的东、西、北三面均有图案，画面面积约 30 平方米。岩画整体保存状况较好，风雨侵蚀对岩画有一定影响。画面正中是一右手执花、左手托一心形物、盘腿坐在莲台上的佛像，佛像东、西两侧布满蒙古文、藏文以及哈萨克文，其间刻有几只大角羊（北山羊）、一个五角形图案等。巨石西面有数只模糊的大角羊和一只狗、一只鹿等，东面是几只印痕模糊的大角羊。在巨石下方有一块高 0.8 米、东西宽 1.8 米的岩石、上刻佛教的莲花、法器、对鱼等图案。在阿克牙孜河北岸发现的一块岩石上也凿刻着一只山羊的形象。

岩画采用敲凿、刻划、磨刻等多种方法制作。从画面的印痕看年代跨度相当大：巨石东面的大角羊形象时代可能较早；巨石正面的内容时代有早晚，佛像及蒙古文、藏文可能为准噶尔时期的遗迹，哈萨克文等可能为近现代牧羊人所刻。第二次全国文物普查中定为清代。

科培雷特岩画远景

科培雷特岩画全景

科培雷特岩画局部（佛像图）

科培雷特岩画局部（大角羊）

科培雷特岩画局部（法器）

科培雷特岩画局部（狗）

科培雷特岩画局部（鹿）

格登沟岩画

发现于昭苏县夏特柯尔克孜族乡阔斯托别村以北约 36 千米处（兵团农四师七十六团一连以北约 10 千米），在萨尔套山南格登沟东、西两侧的山腰处。北纬 43°02′34.8″、东经 80°28′14.9″（画 3），海拔 2643.200 米。西南邻格登山，东南距格登沟口约 11 千米，西南约 7.2 千米处为中哈界河——苏木拜河。岩画所在地山峦起伏，牧草低矮，为兵团农四师七十六团草场。岩画点北面和西南面邻中哈国界，南部山脚下有县城至松拜的公路东西穿过。西南约 10 千米的格登山上有著名的"平定准噶尔勒铭碑"。2009 年 9 月伊犁州直第三次全国文物普查队调查并建档。

在山腰处东西约 550 米、南北约 450 米的范围内共发现 7 块山岩上刻有岩画，面积约 2400 平方米，海拔 2481.8 ~ 2644.4 米。岩石较分散，距离近的相隔 30 多米，最远的相距约 400 米。岩画总体保存状况一般，部分因风雨侵蚀而模糊不清。

岩画采用敲凿、磨刻方法制作。年代待定。

画3（海拔2643.200米）
·
画2（海拔2644.400米）

· 画1（海拔2545.600米）

N

画4
·
画5
·

· 画6

· 画7（海拔2481.800米）

0   80m

格登沟岩画分布图

画3

在一不规则的棕红色岩石北壁刻一只大角羊（北山羊），高23厘米、宽20厘米。

格登沟岩画·画3

格登沟岩画·画6

格登沟岩画·画7

画6
在一块高1.4米、宽0.5米的青黄色岩石北壁刻4只大角羊，大者长15厘米、高20厘米，小者长10厘米、高10厘米。

画7
在一块高0.8米、宽4米的红棕色岩石北壁刻5只大角羊，各长10厘米、高10厘米。

乔什喀萨依岩画

发现于昭苏县乌尊布拉克镇乌尊布拉克村西北约 7.5 千米处（伊犁州种马场牧业队），在县城东乌孙山南麓、乌尊布拉克沟西侧支流乔什喀萨依沟东侧山顶上。北纬 43°13′37.6″、东经 81°14′47.0″（画 2），海拔 2555.1 米。其西侧沟内有一眼泉水向南流入沟口渗地；两侧山梁起伏，牧草茂盛，为冬草场；北侧沟内可望云杉雪峰。当地冬季温和，春季气候多变，夏季多雨多雷雹。岩画所在地属伊犁州种马场牧业队草场，西南约 5.2 千米处为种马场场部驻地。岩画所在山梁北端高处有一敖包，西侧乔什喀萨依沟内有零散的牧民院落（冬窝子），沟内有便道可通沟内外。南侧山脚下有伊昭公路东西向穿过。2009 年 9 月伊犁州直第三次全国文物普查队调查并建档。

在山顶上东西约 250 米、南北约 700 米的范围内发现 7 个地点 21 块山岩上刻有岩画，海拔 2516～2586 米。岩画面积约 11.7 平方米，保存状况一般，部分岩画因山岩开裂被分解，风雨侵蚀亦造成画面模糊不清。1~3 号岩画点（画 1~3）位于北端，彼此相距较近；4~7 号岩画点（画 4~7）在南端，彼此相距约百米。1~4 号岩画点（画 1~4）各发现一块岩石上刻有岩画，5 号岩画点（画 5）发现两块岩石上刻有岩画，6 号岩画点（画 6）在约 100 平方米的范围内发现 9 块岩石上刻有岩画，7 号岩画点（画 7）发现两块岩石上刻有岩画。

岩画采用敲凿、磨刻方法制作。年代待定。

乔什喀萨依岩画分布图

乔什喀萨依岩画远景图

画3

在高2米、宽1米的山岩北壁刻有四只大角羊（北山羊）以及一牵马人物、一猎人形象。

画4

在高2.5米、宽2米的山岩北壁刻有15只大角羊。

乔什喀萨依岩画·画3（狩猎图）

乔什喀萨依岩画·画4

新疆伊犁河谷
草原石刻

石
人

昭苏县

空古尔布拉克沟墓地石人

　　发现于昭苏县阿克牙孜沟的支沟空古尔布拉克沟内，海拔约2067米。墓地位于空古尔布拉克沟河谷西岸，墓地西北边缘有5座石人石堆墓，石堆略高于地表，直径3～5米，均被盗扰。

空古尔布拉克沟墓地石人·石人1

▲ 石人1

保存情况一般。石灰石，呈灰色，高54厘米、宽43厘米、厚21厘米。石人为凿刻而成，圆脸，小连眉，小眼，嘴呈圆形，五官集中。周围地形为山间平地，两侧有南北向山脉。石人面东，其后有墓葬。

空古尔布拉克沟墓地石人·石人2

空古尔布拉克沟墓地石人·石人3

空古尔布拉克沟墓地石人·石人4

石人4

保存情况一般。石灰石，呈深灰色，高55厘米、宽43厘米、厚18厘米。石人为凿刻而成，鹅蛋脸，五官较为集中，连眉，表情安详。石人后有墓葬。

石人2

保存情况一般。花岗岩，呈深灰色，高70厘米、宽44厘米、厚14厘米。石人为凿刻而成，圆脸，长连眉，眉尾与耳朵相连，小眼，八字髭，尖下巴。周围地形为山间平地，两侧有南北向山脉。石人面东，其后有被盗掘的墓葬。

石人3

保存情况一般。花岗岩，呈深灰色，高80厘米、宽58厘米、厚15厘米。石人为凿刻而成，鹅蛋脸，连眉又长又宽，突出刻画眼睛，嘴巴只用一道短线表示。石人后有疑似被盗掘的墓葬。

空古尔布拉克沟墓地石人·石人 5

▲ 石人5

　　保存情况一般。石灰石，呈灰色，高 85厘米、宽40厘米、厚16 厘米。石人为凿刻而成，刻石上部阴刻出人戴的冠及脸部五官。头戴冠，冠较高，饰3个三角纹。长脸，呈椭圆形，五官集中，表情安详。连眉，小眼，细眼呈菱形；方头鼻，鼻窄而长；嘴巴只用一道短线表示，短线呈桂叶形，饰以三角纹；耳朵为半圆形，垂以耳环。颈部戴有项饰。从整体看似为女性。石人后有墓葬。

小别德石人

▲ 2013年由昭苏县哈萨克民俗文化博物馆负责人赛力克从小别德一位名为萨尔克特的牧民手中征集。保存情况一般。
花岗岩，呈灰色，高45厘米、宽35厘米、厚15厘米。石人为凿刻而成，尖圆脸，弯眉，丹凤眼，长鼻。除眼睛
为阳刻外，其余均为阴刻。现藏于昭苏县哈萨克民俗文化博物馆。

阿喀沟口墓群石人

▲ 发现于昭苏县胡松图喀尔逊蒙古族乡喀塔尔托别村东草场，地处南天山北麓、阿喀沟沟口山前坡地的墓群中。保存
　情况较好，整体完整。发现时已被人搬动过，无法查明原位置。石质较硬，呈青色，高115厘米、宽50厘米。石人
　为凿刻而成，尖圆脸，眼鼻清晰，弯眉，丹凤眼，长鼻，八字髭上扬。

胡松图喀尔逊蒙古族乡石人

▲ 发现于昭苏县胡松图喀尔逊蒙古族乡一户牧民家院内。2014年由牧民从别处捡回，已损坏。石质较硬，呈青色，高98厘米、宽34厘米、厚15厘米。石人头部残缺，尖圆脸，八字髭两端微微上扬。右手持酒杯；左手屈向腰际，有残缺。现存于昭苏县草原石人景区。

昭苏石人

发现于昭苏县。现存于昭苏县种马场。

昭苏石人·石人1

▲ 石人1

石呈青色，高51厘米、宽38厘米、厚25厘米。石人头部整体完整，颈肩分界明显，颈部以下缺失。梯形头，面部清晰，呈椭圆形，饰以窄带纹饰，竖向，为男子形象。眉粗，眼睛呈菱形；鼻窄而长，鼻头残，似圆形；髭宽而向上弯曲，嘴小呈三角形，尖下颌。

昭苏石人·石人2

▲ 石人2
　　保存情况较好。石质较硬，为黄色花岗岩，高115厘米、宽35厘米、厚35厘米。石人整体呈长方形，为凿刻而成。男子形象，宽翼窄直鼻梁，髭上扬。下半身刻痕不清晰，右手持杯。

小洪纳海石人

▲ 发现于昭苏县种马场东南部的小洪那海墓地。使用优质黑云母花岗岩圆雕而成，高230厘米。胸部雕刻缺损，其他部分保存基本完好。石人头戴冠，冠中间饰以圆环，窄边，平顶。脸上部呈长方形，弧眉，细眼；鼻窄而直，翼较宽，鼻头呈圆形；髭屈翘，嘴部缺失，圆下颌。右臂屈，手执杯；左臂微屈，手于腹部作握物状。束腰，素面腰带。石人背面也表现冠帽，有明显阴刻的8条辫发，长发披至腰以下。石人下部相当于腿的部位刻有粟特文，全文共20行。石人面向东，身后有一座石堆墓。有学者推测该石人的年代约在公元599年春季或夏季，石人的主人以泥利可汗可能性最大。

阿克牙孜沟石人

发现于昭苏县阿克牙孜沟。

阿克牙孜沟石人·石人1

石人1

保存情况一般。石灰石，呈灰色，高95厘米、宽30厘米、厚16厘米。石人为凿刻而成，长脸，丹凤眼，外眼角向下，宽鼻梁，八字髭，表情略显严肃。右手五指张开，放于胸前；左手亦五指张开，置于腰间。石人面部阴刻，身躯阳刻。现存阿克牙孜沟湿地公园卫生所院内（空古尔布拉克沟石人墓对面）。

阿克牙孜沟石人·石人2

阿克牙孜沟石人·石人3

▲ 石人2

残，自面部断为两截。质地较硬，为灰白色花岗岩，高90厘米、宽53厘米。石人为男子形象，圆脸，连状弧眉，丹凤眼，外眼角向上，窄翼渐宽形鼻，曲状髭，"合"字形嘴。颈肩分界明显，身躯大于头部。右臂屈至胸前，手持高脚杯；左臂屈向腰际。现存于昭苏县种马场。

▲ 石人3

保存情况完好，发现时半埋在地下。石质较硬，呈青色，高52厘米、宽27厘米、厚25厘米，为小型石人。面部呈长方形，头顶微微凸起，似有个小圆包，疑似帽饰。连状弧眉，椭圆形眼睛，宽翼窄直鼻，曲状髭，"合"字形嘴，尖下颌，表情似微笑。现存于昭苏县种马场。

阿克牙孜沟石人·石人4

阿克牙孜沟石人·石人5

▲ 石人4

整体呈长方形，高145厘米。上部雕刻出头面，颈肩分界不明显。头圆，脸形略方，弯眉，凸状眼，窄而长的鼻，鼻翼呈方形，髭沿嘴弯曲，嘴呈半圆形，尖下颌。石人面部表现得宽大且平，颧骨明显。下部以阴线雕刻手臂，右手执杯，左手握刀，与面部风格差异很大，可能是后人所刻。现藏于伊犁哈萨克自治州博物馆。

▲ 石人5

红黄色花岗岩雕刻而成，高65厘米、宽41厘米。以浮雕形式为主，颈肩分界不是很明显。面部呈菱形，尖顶，弧眉，窄直鼻，向上弯弧的嘴，弧状下颌。两臂屈于腹部，双手抱着广口筒状杯。胸部刻有两个小的圆形乳头，可能表现的是女性。现藏于伊犁哈萨克自治州博物馆。

特克斯县

吉伯特沟墓地石人

位于特克斯县喀拉托海镇吉伯特沟与魏塔斯沟交叉地带。石人面向北，原立于土墩墓顶。土墩墓直径7米、高0.5米。后因牧民盗墓，石人被埋进墓坑中。2011年4月，特克斯县文物局将石人从墓中挖出保护。青黑色花岗岩石质，露出地面约50厘米、宽35厘米。石人采用浮雕手法，圆尖脸，面部特征较模糊，可辨认出宽额、高鼻（残缺）、八字髭，背面有发辫披于肩上。现藏于特克斯县博物馆。第三次全国文物普查时仅记录石人背面资料。

阿克塔斯石人

发现于特克斯县特克斯镇阿克塔斯村一带。红色花岗岩，高167厘米、宽44厘米、厚37厘米。阴刻，人像模糊，集中在刻石的中上部。现藏于特克斯县博物馆。

阿西勒吐别克1号草原石人

发现于特克斯县阔克铁热克柯尔克孜族乡玛热勒塔斯村西8千米的特克斯河边湿地。保存情况一般。由灰白色的圆形岩石凿刻而成，高53厘米、宽43厘米、厚21厘米。露出地面部分仅凿刻出人的面部，五官小而集中，轮廓较为清晰。圆顶，连弧状眉，鼻梁较窄、直，"合"字形嘴巴，下颌圆润，双耳佩戴耳环。现藏于特克斯县博物馆。

阔克铁热克草原石人

发现于阔克铁热克柯尔克孜族乡阔克铁热克草原。花岗岩，呈灰色，高32厘米、宽18厘米、厚8.5厘米。石人圆脸，宽眉，眼部凸出，鼻梁宽厚，嘴部无髭，疑似有上下厚嘴唇，耳部凸出。双手捧杯屈向胸前。现藏于特克斯县博物馆。

库什台石人

发现于特克斯县库什台。石人用近椭圆形的砾石雕刻，高112厘米、宽50厘米。以浅浮雕技法为主，颈肩分界不明显。石人圆顶，连弧状眉脊，鼻梁较窄，鼻翼窄，曲状髭，"合"字形嘴，尖下颌，双耳明显。两臂皆屈于胸前，右手执大口高足杯，左手握刀柄。现藏于伊犁哈萨克自治州博物馆。

克希（大）库什台石人

发现于特克斯县喀拉达拉镇克希（大）库什台一带。底部有残缺。花岗岩，呈灰白色，高97厘米、宽34厘米、厚14厘米。颈肩分界明显。脸呈椭圆形，弧眉，杏仁眼，鼻梁挺直，鼻翼小，八字髭。两臂皆屈于胸前，右手执三角形杯，左手扶腰带。现藏于特克斯县博物馆。

克希（小）库什台石人

发现于特克斯县喀拉达拉镇克希（小）库什台墓地，墓葬情况不明。保存较完好。由棒槌形岩石雕刻，高45厘米、宽28厘米、厚16厘米。采用浅浮雕技法，仅雕刻出石人的椭圆形面部。弧眉，窄直鼻，高颧骨，曲状髭，"合"字形嘴。现藏于特克斯县博物馆。

新源县

良繁场石人

发现于新源县阿热勒托别镇良繁场附近，已被人为移动。花岗岩，呈红色，高122厘米、宽38厘米、厚24厘米。雕刻有面部和两耳，面部较平，弯眉，杏眼，直鼻，弧弯形髭，阴刻"一"字形嘴，嘴缘凸起，尖下颌。右手臂斜屈，执高脚杯；左手臂屈向腰带。现藏于新源县唐伽勒克纪念馆。

良渚场石人局部

肖尔布拉克沟石人

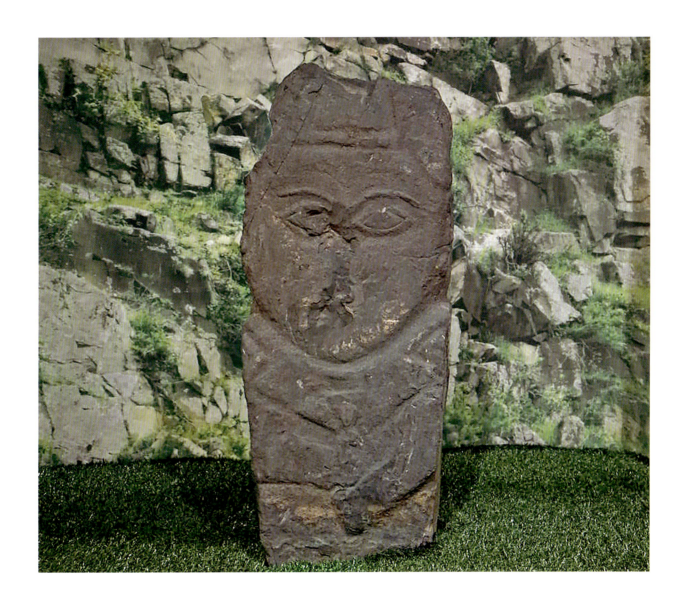

发现于新源县塔勒德镇肖尔布拉克沟。砂岩，呈灰色，高90厘米、宽38厘米、厚25厘米。雕刻有冠饰和衣领，可能是三尖冠。石人面庞椭圆，较平，弧眉，重杏眼，鼻（可能是直鼻）和嘴皆残，看不出是否有髭，圆下颌。衣领下方刻两臂，右手臂直屈，执高脚杯；左手臂屈向腰带。现藏于新源县唐伽勒克纪念馆。

尼勒克县

科蒙石人

发现于尼勒克县科克浩特浩尔蒙古族乡。砂岩石，高124厘米、宽31厘米。雕刻比较精细，使用圆雕技法。石人头上似有帽饰，帽较低且方。脸面呈椭圆形，显得较胖，眼睛残，窄直鼻，鼻翼较窄，八字髭，嘴不明显，有耳。颈较短，颈肩分界明显。衣纹也较明显，为交领的左衽长衣，腰带上刻有纹饰。右臂屈于腹前，手执高足杯；左臂垂于腰际，手握刀柄。现藏于伊犁哈萨克自治州博物馆。

库居尔沟石人

发现于尼勒克县库居尔沟。高150厘米。雕刻出头、颈和手臂等，颈肩分界明显。头上有帽饰，尖圆顶式，向后倾斜。脸呈椭圆形，雕刻出眼睑，鼻渐宽，髭不清楚，"合"字形嘴，颧骨明显，圆下颌。右臂屈，手执杯；左臂屈至腹部，握刀状，但刀没有雕刻出来。现藏于伊犁哈萨克自治州博物馆。

库居尔沟石人局部

新疆伊犁河谷
草原石刻

鹿石

特克斯县

阿克塔斯 1 号鹿石

阿克塔斯 1 号鹿石

发现于特克斯县阿克塔斯村。北纬 43°22′45″、东经 81°46′49″，海拔 2267 米。位于山坡之上，裸露于地面。由石灰岩雕刻而成，整体偏灰褐色，高 221 厘米、宽 55 厘米、厚 43 厘米。鹿石上有类似圆圈和线条状的图案，阴线凿刻而成，无彩绘，可能为某种特殊符号。原址保护。

阿克塔斯 2 号鹿石

阿克塔斯 2 号鹿石

▲ 发现于特克斯县阿克塔斯村。由天然石头雕刻而成，高71厘米、
宽45厘米、厚37厘米。鹿石上有阴刻线条。原址保护。

阿克奇鹿石

发现于特克斯县阿克奇村到阔布村之间。高297厘米、宽60厘米、厚32厘米。碑体宽面底部有云纹雕刻，侧面有阿拉伯数字年代、维吾尔语名字等信息。鹿石上有疑为后期破坏的痕迹。现藏于特克斯县博物馆。

霍斯托别鹿石

发现于阔克铁热克柯尔克孜族乡霍斯托别村。高102厘米、宽36厘米、厚19厘米。正面有多处不规则小圆坑和一个雕刻的大圆环图案，侧面有三道斜线雕刻痕迹。现藏于特克斯县博物馆。

克希库什台吉朗萨依鹿石

▲ 发现于克希库什台吉朗萨依，现属兵团农四师七十八团辖域。高105厘米、宽54厘米、厚25厘米。正
面雕刻有圆环，侧面有三道斜杠。现藏于特克斯博物馆。

喀拉峻停车场鹿石

▲ 出土于喀拉峻停车场附近的商周遗址M36。高110厘米、宽20厘米、厚18厘米。正面雕刻有圆环及燕尾图案。现
藏于特克斯博物馆。

阔克铁热克村鹿石

▲ 发现于阔克铁热克柯尔克孜族乡阔克铁热克村，由牧民于草场中发现。高150厘米、宽35厘米、厚20厘米。正面雕刻有3个圆环图案。现存于发现者家院内。

附录

无图岩画点介绍

1 萨尔布津岩画

● 发现于巩留县提克阿热克镇萨尔布群村（村委会）以南约 15 千米的萨尔布群大峡谷（南北走向）中，雕刻在沟谷西侧从山崖滑落的大小石块上。北纬 43°24′41.0″、东经 81°53′26.2″（画 2），海拔 1327.2 米。峡谷内多支沟（冬草场），有萨尔布群河，沟口为萨尔布群村。该峡谷自古为交通要冲，沟内现有伊宁至特克斯的公路。1988 年第二次全国文物普查时调查并建档，2009 年 7 月伊犁州直第三次全国文物普查队复查。

● 在东西约 80 米、海拔 1325～1334 米范围内发现 6 块岩石上有岩画。岩画保存状况一般，因山体岩石滑落、破裂，使岩画整体受损。画 1：在长 2 米、宽 3 米的黑色岩石西壁上刻有 10 余只羊。画 2：在长 2 米、宽 1.5 米的棕红色岩石西壁上刻有 3 只羊。画 3：在长 1.5 米、宽 1.5 米的岩石顶面上刻有 1 只羊。画 4：在边长 1 米的黑色岩石西南壁上刻有 1 只羊。画 5：在长 2 米、宽 1.5 米的黑色岩石西壁上刻有 1 只鹿。画 6：在长 2.5 米、宽 2 米的岩石西壁上刻有 3 只羊。

● 岩画主要采用磨刻方法制作，粗糙、古朴，部分画面模糊不清。年代推测为战国至元代。

2 沃巴勒克增岩画

● 发现于尼勒克县克令镇群吉村沃巴勒克增牧点，位于阿布热勒山南麓、伊犁河北岸边的山前草场中，地势由北向南倾斜。北纬 43°36′15.5″、东经 82°18′44.2″（岩画），海拔 781.7 米。该地西北、正北、东北三面环岭，正北有沃巴勒克增山口，是可放牧两群牲畜的春秋、冬草场。岩画点位于沃巴勒克增墓群中，伊纳公路于其北侧东西向穿过。2008 年 10 月伊犁州直第三次全国文物普查队调查并建档。

● 岩画位于沃巴勒克增墓群 M66 封堆以北约 10 米处，在一块长 50 厘米、宽 30 厘米的青灰色岩石面上。画面简单，局部模糊，刻有两只大角羊（即北山羊，长 15 厘米、高 15 厘米），一只站立，一只似呈奔跑状。

● 岩画采用敲凿、磨刻方法制作。因处于墓群当中，推测与墓群同时代，即春秋战国至汉代。

3 穷科克岩画

● 发现于尼勒克县科克浩特浩尔蒙古族乡恰勒根村，在博罗科努山南麓、喀什河北岸山坡上，北依博罗科努山，南望阿布热勒山。北纬 43°51′7.6″、东经 82°49′10.6″（岩画 1），海拔 1271.1 米。所在地区的地形以山地和峡谷为主，夏季凉爽，冬季温暖，水草丰茂，是尼勒克县主要的夏牧场。岩画点西距尼勒克县城约 30 千米，东约 2 千米处为吉仁台一级电站，南侧山坡下喀什河南岸台地上分布有穷科克墓地。1989 年第二次全国文物普查时发现岩画 3 幅。2003 年 8 月西北大学文化遗产与考古学研究中心和新疆维吾尔自治区文物考古研究所对该岩画点进行系统调查。2008 年 9 月伊犁州直第三次全国文物普查队复查。

● 经调查，共在 49 块岩石上发现岩画 87 幅，面积约 50 平方米。岩画保存状况一般，因长期风吹、日晒、雨淋，部分岩画已模糊不清。岩画内容有大角羊、盘角羊、鹿、羚羊、蛇、马、人等，其中大角羊可分为成年大角羊和幼羊两类，鹿可分为梅花鹿和马鹿两类。成年大角羊是岩画形象中数量最多的，占所有岩画个体总数的 80% 以上。择三处介绍如下：（1）凿刻在一块高 6 米、宽约 3 米的巨石上，画面向东，共有 14 只动物，其中大角羊 11 只、马 1 匹、鹿 2 只。（2）岩画凿刻在高约 3.6 米、宽约 2 米的岩石上，共 4 个岩面、9 幅画面。其中一幅位于岩石左侧面上部，刻有 7 只大角羊和 1 位猎人，猎人作拉弓射箭状。还有一幅位于岩石东南侧面上部，有 3 只大角羊，均为单角双脚。（3）岩石高约 2.2 米、宽约 2 米，南侧面上可辨认有两只大角羊。

● 第二次全国文物普查时推测岩画年代为汉代。2003 年 8 月西北大学文化遗产与考古学研究中心会同新疆维吾尔自治区文物考古研究所对该岩画点进行了系统调查。调查首次应用考古地层学和类型学原理，对以"幅"为单位的岩画进行对比研究，将穷科克岩画分为二期三段。第 I 段：岩画动物用粗细相近的线条表现，造型较呆板，多呈静态，技法以密点敲凿法为主。第 II 段：一种是用粗细不一的线条、弯曲凸凹的手法、流畅的轮廓线表现出生动的动物造型；一种是用剪影式的表现方式绘出动物轮廓。第 III 段：主要使用简略的线条，表现的动物近于抽象。参考岩画点附近穷科克墓地和遗址的发掘情况，推断穷科克岩画的年代分为早、晚两期，早期在公元前 1 千纪前，晚期在公元前一千纪后半。

4 塔特郎岩画

● 发现于尼勒克县木斯镇托铁村地域内，阿布热勒山南麓的塔特郎沟谷中，在阿布热勒山南麓塔特郎沟谷中。北纬 43°35′48.5″、东经 83°01′23.5″，海拔 1182.7 米。沟谷呈南北走向，南邻广阔的巩乃斯河谷平原。沟中有一眼泉水，住有一户牧民。西南约 8 千米处为木斯镇政府驻地，当地居民以哈萨克族牧民为主。1988 年第二次全国文物普查时建档。2008 年 9 月伊犁州直第三次全国文物普查队复查。

● 岩画分布在沟谷两侧的岩石面上。石面坚硬，表面光平，呈深赭色。岩画共 20 幅，面积约 15 平方米，画面均朝南。岩画保存状况一般，因长期风吹、日晒、雨淋，部分岩画已模糊不清。岩画内容以动物图像为主，其中大角羊最多，还有鹿、马、骆驼等。

● 岩画采用密点垂直敲凿法、划刻法、磨刻法等方法制作。年代推测为战国至元代。

5 却米克拜岩画

● 发现于尼勒克县木斯镇托铁村地域内，在巩乃斯河北岸、阿布热勒山南麓、却米克拜沟西侧的山坡上。北纬 43°35′44.9″、东经 83°01′35.4″，海拔 1214.2 米。沟中有一户牧民住宅，西南约 8 千米处为木斯镇政府驻地，当地居民以哈萨克族牧民为主。1988 年第二次全国文物普查时建档。2008 年 9 月伊犁州直第三次全国文物普查队复查。

● 岩画刻在山岗之上平整的岩石面上。岩石石质坚硬，呈黑褐色。岩画共 10 幅，面积约 12 平方米。大部分保存较好，

少量遭风雨侵蚀导致表面模糊不清。画面多向南，内容以动物图像为主，有的石面上仅刻一只动物，有的石面上刻多个动物及符号构成一幅画面。择四幅介绍如下：（1）动物图，是一只独立的大角羊的侧影。大角羊头朝东，肢强体硕，后肢呈坐姿，肥硕的羊尾微上翘。双角甚长，高高翘起，表现手法极为夸张，以致羊角同身躯不成比例。（2）车辆图，用线条勾出不见车轴相连的两只车轮，车轮的辐条用"十"字表现。另有一只山羊和一头双峰骆驼朝车辆张望。（3）居室岩画，画面朝南，右下方是圆顶蒙古包，顶部烟筒中浓烟外冒形如花朵，蒙古包内布满装饰图案；居室北侧是几只山羊，稍近处有一只狗双耳竖立似警惕地守护着。整个画面充满了浓郁的草原游牧生活气息。（4）动物图，为一大一小两只体态活泼的山羊，似为母子相互追逐。

● 岩画为敲凿或通体研磨而成。年代推测为战国至元代。

6 喀拉旱德沟岩画

● 发现于尼勒克县木斯镇托铁村地域内，在巩乃斯河北岸、阿布热勒山南麓喀拉旱德沟谷深处。北纬 43°36′51.1″、东经 82°41′4.6″（岩画 1），海拔 1022.5 米。狭窄的沟谷中生长有各种树木和杂草，东面为特铁卓路沟，西南约 13 千米处为巩乃斯种羊场场部，南面约 3 千米处为 218 国道及特铁卓路沟口墓群。南面约 500 米的沟谷深处有两户牧民的冬窝子。1988 年第二次全国文物普查时建档，当时该岩画点所在地域在行政区划上属新源县，现划归尼勒克县。2008 年 9 月伊犁州直第三次全国文物普查队复查。

● 岩画刻在沟谷两侧的岩壁上。岩壁面光滑，呈深褐色。岩画共 3 处，面积约 8 平方米，画面均向南。岩画保存状况一般，多年的风雨日晒导致部分画面不清晰。当地牧民取石建牲畜圈和房屋也对岩画造成一定破坏。岩画内容有盘角羊、鹿、马和人物形象。

● 岩画采用敲凿、磨刻等方法制作。年代推测为战国至元代。

7 库尔于孜克岩画

● 发现于尼勒克县科克浩特浩尔蒙古族乡恰勒根村的草场，在博罗科努山南麓的库尔于孜克沟内。北纬43°52′31.8″、东经82°47′20.8″（岩画1），海拔1465.5米。四周群山环绕，东为恰西沟，西邻莫托沟，以南约5千米处为喀什河。此地夏季凉爽，冬季温暖，水草丰茂，是尼勒克县主要的夏牧场。岩画点以南约20米处是一条东西走向的乡村公路，西南4千米处为吉林台大桥。当地居民以哈萨克族和蒙古族牧民为主。1988年第二次全国文物普查时建档，当时该岩画点所在地域在行政区划上属新源县，现划归尼勒克县。2008年9月伊犁州直第三次全国文物普查队调查并建档。

● 岩画分布在沟谷北侧山梁上，雕刻在岩石面上。岩石坚硬，表面光滑，呈赭色或黑褐色。岩画共6幅，面积约4平方米，画面均朝南。岩画保存状况一般，因长期的风吹、日晒、雨淋，部分岩画已模糊不清。岩画内容以动物图像为主，其中又以大角羊为多，还有鹿、马等形象。

● 岩画采用密点垂直敲凿、刻划、磨刻等方法制作。年代待定。

8 吉仁台峡谷谷口岩画

● 发现于尼勒克县科克浩特浩尔蒙古族乡恰勒根村，在喀什河北岸、吉仁台峡谷谷口北侧、博罗科努山南麓的山坡上。北纬43°51′22.0″、东经82°47′5.3″（岩画2），海拔1290.2米。南侧山脚下约30米处为湍急的喀什河，河南岸为阿布热勒山。岩画点西距尼勒克县城约30千米，东约2千米处为吉仁台水电站。南侧山坡下为吉仁台峡谷谷口墓群。当地居民以哈萨克族和蒙古族牧民为主。2008年9月伊犁州直第三次全国文物普查队调查并建档。

● 此岩画敲凿或通体研磨于石质坚硬、平整的岩石面上。岩石呈赭色或黑褐色。岩画面积约5平方米，画面均朝南。大部分保存较好，少数遭风雨侵蚀导致表面模糊不清。岩画内容以动物图像为主，有的石面上仅刻一只动物，有的石面上刻多个动物及符号构成一幅画面。择两幅介绍：（1）群羊图，画面是3只大角羊的侧影。大角羊的头均朝东，其中一只稍大，双角高高翘起。（2）追猎图，画面前方有一只大角羊，一头狼紧跟其后。岩画年代待定。

9 巴勒根萨依岩画

● 发现于尼勒克县克令镇阔依塔斯村南约6千米处，在阿布热勒山南麓、巴勒根萨依中段东侧的山前坡地上。北纬43°41′28.3″、东经82°11′1.7″，海拔1049.1米。位于开阔的草场间，南望巩乃斯河，西邻巴勒根萨依，地势平坦，四周为连绵的丘陵。当地属温带大陆性气候，山区气候特征明显，水资源丰富，牧草茂盛。岩画点以西为克令镇牧业点阿夏阔拉，四周零星分布有数处牧民的毡房。2008年10月伊犁州直第三次全国文物普查队调查并建档。

● 岩画凿刻于一处凸出的岩体上。岩石呈黑褐色，颜色深浅不一，石面光滑平整。岩画画面均朝北，面积约100平方米。保存状况一般，因风雨剥蚀，画面较模糊。岩画内容均为大角羊，羊尾上翘，羊角后弯，呈站立状，身长10～20厘米。

● 岩画均采用剪影式凿刻于岩体上，刻痕较浅。年代待定。

10 纳仁喀拉岩画

● 发现于尼勒克县乌赞镇塔尔克特村以北约8.5千米的牧点，在博罗科努山南麓、特斯克塔斯山南侧海拔1480～1550米的山岩峭壁上。北纬43°54′28.1″、东经82°31′48.4″（岩画1），海拔1488.1米。岩画点以南为大片开阔平坦的丘陵草场；以东约3千米处为尼勒克乌赞沟，沟内有乌赞村居民点；以西约5千米处为叶仁莫顿沟。当地属温带大陆性气候，生长有中生、中旱生、旱生植物，可作冬草场和春秋草场。周围居民点稀少，岩画点西侧山脚处有牧民的冬窝子，东面约百米处有牧道可至北部山区，东可通尼勒克乌赞沟，南距尼勒克县城约10千米。岩画点南侧百米处有纳仁喀拉1号墓群。

2008 年 9 月伊犁州直第三次全国文物普查队调查并建档。

● 岩画雕刻在东西约 200 米范围内的 6 块岩石上。岩面多平整。岩画保存状况一般，部分画面因风雨侵蚀而模糊；有的岩石开裂，画面已被破坏。岩画均刻在岩石的北面，画面较小，面积约 3 平方米。内容多为羊的形象，以单只大角羊为主，羊的形体大小长 10 ～ 12 厘米、高 10 ～ 20 厘米不等。仅有一幅群羊图，刻在一块长 1.5 米、宽 0.8 米的岩石面上，有近 10 只羊，或站立，或奔跑。

● 岩画采用敲凿、磨刻的方法制作。年代待定。

11 塔尔克特岩画

● 发现于尼勒克县乌赞镇塔尔克特村城北约 5 千米的山梁上。北纬 43°51′4.0″、东经 82°29′56.4″（岩画 3），海拔 1321.1 米。北连博罗科努山南麓丘陵草场；南接喀什河北岸阶地，阶地上塔尔克特村村庄、农田、林带罗布；东邻尼勒克乌赞沟。以南约 5 千米的喀什河谷北岸有 S315 省道，东侧亦有南北向便道过山梁至北部草场。2008 年 9 月伊犁州直第三次全国文物普查队调查并建档。岩画点周围为同时发现的塔尔克特北墓群。

● 岩画所在山梁东西狭长，在东西约 2000 米、海拔 1290 ～ 1380 米范围内的山岩上发现东、西两处岩画点。东侧 3 块岩石上有岩画，西侧一块岩石上有岩画，面积共约 5 平方米，画面均刻在岩石的北面。岩画保存状况一般，部分画面因风雨侵蚀而模糊；有的岩石开裂，画面被破坏。内容多为羊的形象，或为群羊，或为两三只羊，个别似为鹿。最大的画面长 1.2 米、宽 0.6 米，有大角羊 10 余只；小的画面边长 30 厘米。羊和鹿呈站立或奔跑的姿态。

● 岩画采用敲凿、磨刻的方法制作。年代待定。

12 纳仁喀拉西岩画

● 发现于尼勒克县乌赞镇塔尔克特村北牧区，在博罗努科

山南麓、喀什下游河谷北岸、叶仁莫顿沟东侧纳仁喀拉干沟内。北纬 43°52′14.5″、东经 82°27′50.0″（岩画 1），海拔 1253.9 米。沟长 4 千米，沟口连接叶仁莫顿沟。该地为乌赞镇春秋草场，东南约 6 千米处的喀什河北岸阶地上有塔尔克特村村委会，东南约 8.5 千米处为尼勒克县城，西北接库克拜村草场。岩画点附近有多条牧道。2008 年 9 月伊犁州直第三次全国文物普查队调查并建档。

● 岩画雕刻在叶仁莫顿沟内的岩石壁上，在 100 平方米（10米×10米）范围内发现 4 块岩石上刻有岩画，画面向南和西。岩画整体保存较好，其中一处被现代人涂鸦污染。择两处介绍如下：（1）在长 1 米、宽 0.8 米的岩石面上刻有 3 只盘角羊，为一只大羊带领两只小羊，前后由大到小排列，十分生动。（2）在长 4 米、宽 1.2 米的岩石面上刻有一只大角羊，另有现代人涂鸦的数字及文字。其余岩画内容亦为大角羊，一只或多只。

● 岩画采用敲凿、磨刻的方法制作。年代待定。

13 阿合买提沟岩画

● 发现于尼勒克县克令镇群吉村牧点，在阿布热勒山南麓阿合买提沟东、伊犁河北岸伊纳公路北侧。北纬 43°36′44.6″、东经 82°21′00″（岩画 1），海拔 793.4 米。所在地属山前冲积扇地貌，地形狭长，地势由北向南倾斜，为春秋草场和冬草场。该地南面紧靠伊犁河，河南岸阶地平原上农田、村庄罗布，河北岸伊纳公路东西穿过，西北有阿合买提干沟。2008 年 10 月伊犁州直第三次全国文物普查队调查并建档。

● 岩画雕刻在山前坡地表面散布的岩石块上。岩石石质坚硬、岩面平整，呈黑褐色。在东西约 1500 米、南北约 300米的范围内发现 7 块岩石上刻有岩画，画面多向南，面积约 5 平方米。岩画大多保存完整，因长期的风吹、日晒、雨淋，部分已模糊不清。内容以动物图像为主，主要是大角羊。有的石面上仅刻一只羊，有的石面上刻群羊及符号构成一幅画面。羊有的站立、有的奔跑，还有一幅为两羊角抵。

● 岩画以密点垂直敲凿、划刻、磨刻等方法制作。年代待定。

后 记

伊犁位于我国西北边陲，其得名于一条著名的内陆河——伊犁河。广义上的伊犁地区包括伊犁河流域及巴尔喀什湖以东的广阔区域，狭义上的伊犁地区则指中国境内的伊犁河谷地区（面积约 5.6 万平方公里）。伊犁气候湿润、水草丰美、山川遍布、草深林密，优越的自然地理环境使这里成为中亚早期人类活动栖息地之一，孕育了独具特色的草原文化。岩画、石人和鹿石等草原石刻是伊犁草原文化最具代表性的文化现象之一，展现了伊犁先民的思想观念、价值取向以及信仰崇拜等古老的文化记忆。

作为伊犁草原文化的代表，遍及伊犁山地、草原并展现伊犁先民生产、生活和宗教观念的岩画，气势恢宏、守望草原千年的石人，以及傲身而立、纹灵质朴的鹿石，以不同的艺术方式向我们展示了先民旺盛的生命力、丰富的想象力和粗犷的表现力。时至今天，当我们面对这些朴拙的草原石刻艺术，仍可清晰感受到先民为博取生存、延续种族而释放出的蓬勃生命力。

系统整理及研究这些草原石刻是新疆历史学家和文化学者的夙愿，更是铸牢中华民族共同体意识、讲好"一带一路"故事的现实需要。2022 年初，南京大学古代石刻艺术研究中心联合伊犁哈萨克自治州博物馆组成专业团队，在江苏省文化和旅游厅、伊犁哈萨克自治州文化和旅游局、南京大学历史学院及伊犁哈萨克自治州直属各县市博物馆的大力支持下，在前人积累及后人开拓的基础上，根据新疆第三次全国文物普查相关资料和伊犁哈萨克自治州博物馆近年来的野外调查报告，对伊犁河谷地区的岩画及草原石人、鹿石进行精心甄选，并增补新发现的一些野外石刻，结集成册。

我们希望本图录的出版能够帮助读者更加直观、系统地了解伊犁河谷岩画和草原石人、鹿石等石刻的保存现状，为将来进一步的研究和保护提供便捷条件。也相信随着更多研究成果的涌现，伊犁地区草原石刻历史、考古、文化、民俗及艺术等方面的价值会被不断发掘出来，为文化润疆、文化兴疆作出更大的贡献。

本图录所用图片和文字说明来自新疆第三次文物普查资料、伊犁地区文物普查报告、伊犁哈萨克自治州博物馆馆藏资料、伊犁哈萨克自治州直属各县市博物馆馆藏资料、伊犁哈萨克自治州博物馆与南京大学古代石刻艺术研究中心联合团队的野外调查资料，资料整理由南京大学古代石刻艺术研究中心团队完成。因资料来源不一，在行文描述时未能做到格式完全统一，部分图片质量欠佳，还望读者谅解。

由于编者水平有限，缺乏相关经验，疏漏在所难免，恳请诸位读者不吝指正。

编委会

2024 年 5 月

新疆伊犁河谷
草原石刻